上海**教师教育**丛书

知会书系

入门就优秀

智慧宝典

职初教师专业成长

程书丽　编著

上海教育出版社

SHANGHAI EDUCATIONAL
PUBLISHING HOUSE

上海教师教育丛书编委会

总　序

教育改革的步伐已经进入了关注教师发展的新阶段。不是因为课程改革已陷于制度性疲倦，不是因为评价改革终将受制于社会发展的瓶颈，也不是因为我们拥有超过千万的中小幼教师队伍，每年有数十万的青年人正在进入这个领域。课程也好，评价也罢，根本上它们都内在于教师。拥抱"教师的年代"，不在于讨论有多少以教职为生计的人，而在于如何拥有师者的内在品质，值得学生效法，使自己从一名教者成长为一名真正的师者。

关注教师是国际教育改革的普遍趋势

制度化教育确立以来，课程长期占据着学校教育的中心地位。直到20世纪60年代，国际教育界才开始把视线转向教师。这是由于课程、教学、评价、管理这些学校层面的所有改革，最终都离不开教师。尽管半个世纪以来，教师职业到底算不算专业还存有不同的看法，但关于教师的专业化问题持续受到广泛关注。

中国向来具有别于西方的教育传统。中国古代教育有重教师、轻课程的传统，唯这种传统并未演化成现代意义上的教与学的机制，更未形成制度化的学校，因此循着传道授业解惑的路径发展教师素养的希冀，愿望虽好，但缺少登梯之阶，难以形成规范。近年来，随着教育国际交流的增进，尤其是上海学生在PISA项目中的表现，引来国际社会对中国教师组织化程度经验的关注，其中教研组和集体备课被认为是两大亮点。因为在西方，教师的教学行为被认为是从属于个人的专业行为，即便是同行也不得任意干预，可以想见，其结果便影响到授业与指导经验的传播。问题是，中国学校教研组的形式究竟以怎样的方式引导教师提升专业能力，尚缺乏充分的论证和公认的成果。理论上来说，一个组织如果确实发生了影响，既有可能是正面积极的，也有可能是负面消极的。教研组对于教师的影响,既未被证实也未被证伪,能否成为经验尚待科学论证。至于集体备课,不久前在上海对近8000名中小学幼儿园教师所进行的问卷调研显示:面对庞杂的课程事实和众说纷纭的教师要求,一大批成长期的教师从茫然不知所措,到随波逐流;而所谓"成熟期"的教师则顾影自怜地停留在自我经验的世界中,真正知识讲授型教师则难觅踪影。教师发展的局限已成为深化课程改革的短板,这样的局面不改变,教育质量将有大滑坡的风险。

教师的成熟需要积累丰富的社会实践

在汉语中,我们把师者称为"老师",一般解释其中的"老"无义,表尊敬。其实《荀子·致士》中强调了做老师有四个条件,其中一条曰"耆艾而信,可以为师"。古人把50岁的人称为"艾",把60岁的人称为"耆",把70岁的人称为"老"。这或是"老师"称谓的早期由来。可见,年龄本是成为教师的一项先决的基本条件。只是在制度化教育出现以后,尤其是以分科为特征的知识传授成为学习的基本形式形成以来,这种年龄的限制才被取消。

古人为什么会对为师者设置年龄限制,是因为教师的职业属性是一名"杂家",这样的"杂家"不经过长期的、丰富的社会实践积累,是难以炼成的。在今人眼里,"杂家"似乎意味着专业程度低人一等。其实,无论是在古代中国还是在近代西方,强调的都是社会中的个体应具备多方面的才能。孔子所谓的"君子不器"不是在谈"杂家"吗?而马克思关于人的全面发展又何尝不是在谈"杂家"呢?及至当代,"把一个人在体力、智力、情绪、伦理各方面的因素综合起来,使他成为一个完善的人,这就是对教育基本目的的一个广义的界说"(《学会生存》)。这句话表明"杂家"较之于"专家"更近于"完善的人"。教师面对的是多姿多彩的学生,每个学生都有各自的阅历,他们的家庭、他们的生活、他们的所见所闻都不尽相同,每个学生都是一个完整的世界,每个学生又都是一个独特的世界。教师要想成为学生精神生活的指引者,自己必须是一个精神生活丰富的人。而精神生活丰富的基础就是有渊博的知识,不仅是专业知识,而且是与之相关的各方面的知识。

岗位成长已成为教师专业发展的共识

我们拥有成熟的师范教育体系,拥有完备的教师任职制度,是否就意味着我们拥有了优秀教师的培养机制?想要回答这一问题,须明了教师是师范院校培养的吗?教师资格认证制度是从教的当然资质吗?

教师知识与技能的习得途径主要有三种:一是书本阅读,二是课堂知识传授,三是实践体悟。前两种可以通过岗前培养与训练获得,后一种则需要在岗锻炼习得。这就意味着,一名真正合格的教师无法在职前培养中完成,亦无法依靠教师资格认证制度自然解决。这也可以解释为什么近年来相当数量的示范性高中多从综合性大学招收新任教师,是示范性高中教学要求低,还是这些学校无视教育的专业属性?答案显然不是。教师的专业性主要不在于"知",而在于"行",即一名教师在从教岗位上的实践、探索、体验、反省和觉悟。可以认为,教师是在岗位实践中自我形塑的,师范院校也好,综合性大学也罢,都不过是为一名教师从教所做的预判性准备。

所谓教学,不是教师从书本上把知识搬家一样送到学生面前,它必须融入教师自己的透彻理解,没有教师的透彻理解很难有学生的透彻理解,"以其昏昏,使人昭昭"的事在教育上是难以发生的。在教师透彻理解的基础上,还必须考虑知识传授的方法。采取什么样的方法,除了教师的个人喜好外,还涉及知识的难易程度、学生的接受程度以及教学资源的承受能力等因素,取舍之间,包蕴着非常丰富的个性化知识。一名真正的优秀教师拥有丰富的个性化知识,犹如中医问诊中的察颜把脉。这种知识无法仅仅通过书本研读和知识传授获得,需要通过实践不断揣摩,从而得到一种内化了的知识。显然,它是一种非常个人化的特殊知识,需要教师在对每个学生"辨症"施教中不断积累,其习得主要依赖于教师的个人努力。由此,可以得到一条简单而又明确的结论:帮助一名从教者,使之成为一名真正的师者。可以说,帮助数以千万计的从教者,使其早日成长为师者,这是今日中国教师教育领域的一项重大课题。

助推教师成为教育的思想者、研究者、实践者和创新者

国家兴旺，教育为本；教育优先，教师为基。持续了半个世纪的教育改革浪潮把教师发展推到了历史的前台。在当代教育的历史进程中，教师不是单纯的任务执行者，而是教育的思想者、研究者、实践者和创新者。在专业发展的路径上，教师的主体地位、精神和意识得到了时代的推崇，教师专业化发展和对教师的重新发现将对教育产生重大影响。可以说，教师问题的重要性已无须讨论，而应考虑如何实践。

新一轮课程改革呼唤着教师创造性地施行教与学的行为。吊诡的是，一大批被应试熏陶出来的青年走上讲坛，他们却被要求培养有创新能力的学生。面对变化了的教学材料和教学要求，是施教者的一脸迷茫和不知所措。英国教育家沛西·能曾说过，教师是学生学习的最大动力。问题是，迷茫中的施教者如何才能让自己成为学生学习的动力呢？

基于上述认识，由原上海市师资培训中心主持，联合上海师范大学、华东师范大学以及上海教育出版社等单位，倾力研发并打造了这套"上海教师教育丛书"。本丛书由"知会书系""知新书系"和"知困书系"三部分构成，分别聚焦新教师的教学规范、校本的教师研修经验以及优秀教师的成长启示，旨在从岗位上助推有资历和创造性的教师成长，这是我们的理想和愿望。

鉴于本书系不仅是上海也是国内自改革开放以来第一次全面系统开发的教师在岗培训教材，限于能力和水平，在编写过程中尚有诸多局限和不足，乞教于方家，不吝批评指正！

上海教师教育丛书编委会

2017 年 4 月

前　言

　　教师的专业发展是教育整体质量和研究水平不断提升的重要保证。在课改不断深化、基础教育进一步凸显全面育人价值取向的背景下，加快促进教师专业发展已成为基础教育转型发展的重要命题。2018年《中共中央　国务院关于全面深化新时代教师队伍建设改革的意见》明确提出："教师承担着传播知识、传播思想、传播真理的历史使命，肩负着塑造灵魂、塑造生命、塑造人的时代重任，是教育发展的第一资源，是国家富强、民族振兴、人民幸福的重要基石。落实立德树人根本任务，遵循教育规律和教师成长发展规律，加强师德师风建设，培养高素质教师队伍，倡导全社会尊师重教，形成优秀人才争相从教、教师人人尽展其才、好教师不断涌现的良好局面。"教师队伍建设是推动教育改革和发展的主旋律，学校的办学实践证明，要践行学校的办学理念，实现育人目标，教师队伍建设是重中之重，教师专业发展是首要之举。

　　国内外相关研究通常把师范院校或其他高等院校毕业、取得教师资格证书、在教育系统首次任教且入职五年内的教师统称为职初教师（或初任教师）。职初期是教师专业成长的起步阶段，也是专业发展的关键时期，在教师职业生涯发展阶段中具有独特地位。应当看到，上海市见习教师规范化培训制度建立之后，为刚入职的见习教师初步掌握教育教学基本方法，按照基本规范完成教学任务提供了专业保障。然而，一年的规范化培训毕竟时间有限，只能使见习教师初步认识和把握教育教学的基本流程。在接下来的工作实践中，由于体悟不深、经验不足等因素的影响，职初教师在工作实践中必然会产生不少困惑，面对不少挑战，这些都在不同程度上阻碍或影响了职初教师专业发展的进程。教师的专业发展涉及诸多因素，尤其是职初教师的专业发展，其特点和规律还需要我们花大力气进行深入研究。作为教师队伍的生力军，职初教师的专业发展对于课改深化和教学效益提升具有重要意义。

　　我作为区域教师教育的研究者和管理者，承担着促进区域教师专业发展的重任。如何创设有利条件和有效载体,夯实职初教师的专业基础?如何提高职初教师的研究意识,帮助他们养成教学反思习惯?如何增强职初教师的职业认同,激活他们的专业发展自觉?这些都是我在工作实践中反复思考的问题,并把研究和破解这些问题作为我工作的重要目标。尤其是在课改不断深化的当下,对学生核心素养的提升和学习方式的改善提出了许多新的命题,要求我们更深入地研究职初教师专业发展的特点和规律。精准施策才能使职初教师的专业成长得以实现。此外,我也清晰地认识到,教师专业发展是一个终身学习和持续成长的过程,也是教师职业的自我认同和专业心理发展的过程。

基于以上认识,本书遴选了职初教师专业发展过程中所遇到的一些常见问题,旨在为职初教师专业成长答疑解惑。书中每一个案例评点由案例呈现、释疑明理、迷津指点三部分构成。"案例呈现"是围绕主题,叙述事情发生的过程和结果,为职初教师再现感同身受的实践情境;"释疑明理"则分别从教师和学生两个视角审视问题,探寻问题解决的方法和策略,增强职初教师的问题意识;"迷津指点"重在厘清应然与实然之间的关系,揭示事件的价值和意义,引发职初教师更多的理性思考。

总之,教师的专业发展水平是多种因素共同作用的结果,其中实践的深入和反思的自觉必不可少,真诚希望本书能在这两方面为职初教师的专业发展助一臂之力。

编者
2023 年 6 月

目　录

绪　论

综合国内外相关研究,处在不同发展阶段的教师其专业行为表现、职业信念和所需的发展支持迥然不同。入职的前五年是教师从无经验逐步走向专业成熟的最佳阶段,对这一阶段教师的内在发展机理进行深入研究,对其后续进阶成长起着关键作用。本章从国内外对于教师专业发展的文献综述着手,阐述对职初教师专业发展的基本认识,剖析职初教师在入职第 1 年、入职第 2 至 3 年、入职第 4 至 5 年等不同发展阶段的职业特点。

一、职初教师专业发展综述

有关教师职业生涯的专业发展阶段以及个体专业素养模型,国内外不少专家基于不同的视角进行了研究,并提出一些有代表性的论点和见解。下面就相关领域内卓有影响的几种研究理论作简要的分析综述,借此管窥教师专业发展的特征,以资借鉴,为职初教师专业发展研究提供理论参考。

(一) 关于职初教师阶段发展特点的理论研究

根据国内外相关研究资料,通常从入职年限以及专业发展等视角对教师职业生涯进行阶段序列划分。国际上比较有影响力的是美国学者费朗斯·傅乐的教师关注阶段论和卡茨所提出的教师发展时期论。

教师发展理论于 20 世纪 60 年代末自欧美兴起,美国学者傅乐以其编制的《教师关注问卷》揭开了教师发展理论研究的序幕。[①] 傅乐认为,在成为专业教师的过程中,教师们所关注的事物是依据一定的次序更选的,并呈现如下的发展阶段:教学前关注(pre-teaching concerns)、早期生存关注(early concerns about survival)、教学情境关注(teaching situations concerns)、关注学生(concerns

---

① 杨秀玉.教师发展阶段论综述[J].外国教育研究,1999(6):36 - 41.

about students)。早期生存关注阶段大致相当于我们所指的职初阶段,在此阶段教师关注的是自己能否在这个新环境中生存下来,教师都表现出明显的焦虑与紧张。教师关注的是班级的经营管理、对教学内容的精通熟练,以及上级的视察评价、学生与同事的肯定(或接纳)等。所以,这一时期的教师压力非常大。

通过对教师关注阶段的研究,傅乐评论说:"个人成为教师的这一历程是经由关注自身、关注教学任务,最后才关注到学生的学习以及自身对学生的影响这样的发展阶段而逐渐递进的。"[①]傅乐的研究只是从教师所关注的事物在教师不同发展阶段的更迭这一个侧面来探讨教师发展。进入 20 世纪 70 年代,越来越多的学者投入教师发展领域的研究。在这一时期,学者们开始关注教师发展历程的研究,并且强调教师的年龄或任教时间的增长影响教师的专业表现、教学士气、态度与任教意愿等。

美国学者卡茨根据自己与学前教师一起工作的经验,运用访谈法和调查问卷法,特别针对学前教师的训练需求与专业发展目标,将教师发展分为四个时期,即生存期(survival)、巩固期(consolidation)、更新期(renewal)和成熟期(maturity)。

生存期。此时期大约持续一到两年的时间。在此阶段教师原来对教学的设想与实际有差距,关心自己在陌生的环境中能否生存。此外,新教师在教学中需要得到各种技术上的协助。

巩固期。这一时期将持续到第三年。在此阶段,教师有了处理教学事件的基本知识,并开始巩固以往的教学经验和关注个别学生,以及思考如何帮助学生。但这一时期还需要专家、同事和学校领导提供建议和帮助。

更新期。这一时期持续到第四年。在这一时期,教师对重复、机械的工作感到厌倦,试图寻找新的方法和技巧。因此,这一时期,必须鼓励教师参加研究会,加入教师专业组织,参加各种进修活动等,去交换并学习新的经验、技巧和方法。

成熟期。这个时期延伸到第五年和五年以后。这一时期的教师已习惯于教师角色,能够深入地探讨一些教育问题。在这一时期,教师适宜参加各种促进教师发展的活动,包括参加各种研究会,加入教师团体组织,进修学位,收集并阅读各种教育相关的信息与资料等。

---

① 杨秀玉.教师发展阶段论综述[J].外国教育研究,1999(6):36-41.

表 1　卡茨的教师阶段发展论

阶段名称	时限	主要特征
求生阶段 （survival）	任教开始 一至二年	原来对教学的设想与实际有差距，关心自己在陌生环境中能否生存
巩固阶段 （consolidation）	任教二至三年	有了处理教学实践的基本知识并开始巩固所获得的教学经验，关注个别学生
更新阶段 （renewal）	任教三至四年	对教师重复、机械的工作感到厌倦，试图寻找新的方法和技巧
成熟阶段 （maturity）	任教三至五年	习惯于教师的角色，能较深入地探讨一些教育问题

其他学者，如美国学者司德菲则依据人文心理学派的自我实现理论，建立了教师生涯发展模式，其提倡的模式也可称为一种人文发展模式。他将教师专业发展分为五个阶段，即预备生涯阶段、更新生涯阶段、专家生涯阶段、退缩生涯阶段以及退出生涯阶段。司德菲划分的预备生涯阶段主要指初任教师准备适应教学工作的阶段。他认为这一阶段初任教师的特点是有活力、富有创意、充满理想主义，能够接纳新概念。伯顿等则认为教师发展阶段经历了三个阶段：求生存阶段、调整阶段、成熟阶段。

在 20 世纪末，教师专业发展问题已成为促进教师队伍发展的焦点问题，国内学者对教师专业发展阶段的划分也进行了深入研究。对于教师专业发展阶段的划分，我国学者侧重教师社会化标准的研究。傅道春教授将教师的成长与发展历程归结为：非关注阶段、虚拟关注阶段、生存关注阶段、任务关注阶段和学生关注阶段。吴康宁教授将教师专业化过程分为预期专业社会化与继续专业社会化两个阶段。中国台湾学者王秋绒把教师发展分为师范生、实习教师和合格教师三个阶段分别来考察。黄显华等学者虽然没有直接提出将教师专业发展划分为几个阶段，但他们提出用"研究路向"来概括已有的"阶段"研究，即发展路向、生物路向和社化路向。[①]

（二）关于个体素质分析模型的理论研究

对于个体胜任力素质模型，国际上卓有影响的主要有"冰山模型"和"洋葱模

---

① 赵敏.基于教师职业生涯周期理论的高校青年教师专业发展研究[D].苏州：苏州大学，2011.

型"。国外研究者所建构的有关个体专业素质的分析模型为研究职初教师专业成长规律提供了重要借鉴。

冰山模型是美国著名心理学家戴维·麦克利兰提出的分析模型。[①] 他发现个体表现出来的才能只有小部分处于显性状态，其绝大部分才能处于隐性状态，犹如水面浮冰只是整个冰山的十分之一，因而由此命名。他将人员个体素质的不同表现划分为表面的"冰山以上部分"和深藏的"冰山以下部分"。"冰山以上部分"属于外在表现，其中包括基本知识、基本技能，这部分是很容易被了解与测量的，相对而言这部分也是通过培训比较容易被改变并发展的。而"冰山以下部分"是人内在的、难以测量的部分，包括自我形象、社会角色、特质和动机等，它们很难通过外界的影响而改变，但这部分却是对人员的行为和表现起到关键性作用的部分。冰山模型把胜任力形象地描述为漂浮在水面上的冰山，知识和技能是在水面以上的部分，是容易改变的胜任特征；而自我概念、特质和动机部分是属于潜藏于水下的深层部分，是不易改变的胜任特征，它们是个人驱动力的主要部分，也是人格的中心能力，可以预测个人工作上的长期表现。

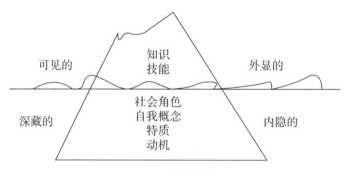

图 1 冰山模型

洋葱模型是美国学者博亚特兹在对麦克里兰的冰山模型深入研究的基础上改进的素质分析模型。[②] 洋葱模型中的各核心要素由内至外分别是个性/动机、自我形象/态度/价值观、知识/技能等。所谓洋葱模型，是把胜任素质由内到外概括为层层包裹的结构，最核心的是个性/动机，然后向外依次展开为自我形象/态度/价值观、知识/技能。越向外层，越易于培养和评价；越向内层，

---

① 参考智库百科中的"冰山模型"的条目解释。
② 参考智库百科中的"洋葱模型"的条目解释。

越难以评价和习得。

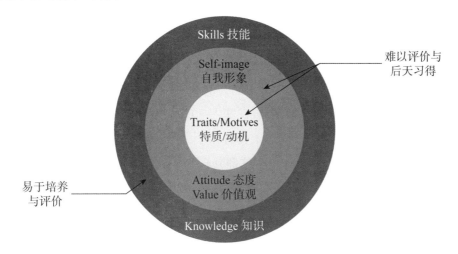

图 2　洋葱模型

这一模型对胜任力的表述更突出其层次性。在这个模型中最表层的是知识和技能；由表层到里层，越来越深入，最里层、最核心的是动机和特质，是个体最深层次的胜任特征，最不容易改变和发展。尽管冰山模型突出的是素质的显性和隐性关系，洋葱模型强调的是显性素质和隐性素质的层次关系，但是两种模型在本质上都有着内在的一致性。总的来说，冰山模型和洋葱模型分别是从纵切面（垂直维度）和横切面（水平维度）建立的素质结构分析模型。

（三）文献述评

纵观国内外学者关于职初教师专业发展阶段的生命周期理论、个体素质分析模型以及教师专业发展内涵等相关研究，百家争鸣，各有特色，涉及教师行为表现、教育信念和职业心理等诸多内容。这些理论研究成果为解构职初教师专业发展的"黑匣子"提供了一定依循。但国内外学者对职初教师专业发展大多以阶段发展历程研究居多，而针对职初教师内在发展机理的研究较少，对其成长阶段所需的支持策略研究缺少关注。

例如：如何从内因和外因多重维度增强职初教师的岗位认同，激活发展动能？如何帮助职初教师做好发展规划，缩短成长周期？如何提供科学指引，帮助职初教师快速提高工作效率？如何指导职初教师融入团队文化，在群体智慧中升级发展？综合实践表明，教师专业发展是一个自我驱动的内因激发和外因推动的干预刺激等多因素共同作用的过程,职初阶段的教师往往表现出不同于其他发展阶段教师的职业行为或工作特点,是教师职业生涯发展过程中的最佳期、关键期,同时也是问题期,这个阶段的发展水平对教师职业定型发展起着决定性的影响。

最佳期,即入职1—5年是教师最有发展激情和发展活力,最具发展潜能和发展愿望的一个阶段。以上海市静安区为例,近五年职初教师约1685人,这部分教师群体约占区域教师总量的1/4,其中50.9%的教师担任了班主任工作。具有硕士学位的教师约占41.7%,有海外留学背景的教师约占3.2%,985高校毕业的教师约占18.8%。可以看出,这部分教师是区域教师队伍的生力军,是未来教育发展的"中生代"。他们的发展水平直接影响到区域未来教育的质量,关系着区域教育的持续发展。

关键期,即入职1—5年是教师专业技能快速提升、实践智慧迅速增长,从无经验走向有经验,从入门到优秀的关键期,也是教师坚定教育信念、夯实专业基础、养成职业习惯、站稳讲台的"黄金时期"。这个阶段的教师富有创造力和工作热情,这个阶段发展得如何会直接影响或改变其后一阶段的定位,决定其一生的职业发展方向。而他们的成长决定着教育事业的未来高度,影响着每位学生的美好未来。

问题期,即入职1—5年是教师职业生涯中问题最多的一个阶段,亟须获得专业支持和可借鉴的经验(或案例)等。例如,有强烈发展愿望,但很多教师缺少明确的发展方向指引,往往会出现发展迷茫、被动发展、被动工作等现象,这在入职1—3年的教师中特别突出。又如,很希望能崭露头角、脱颖而出,能够得到大家的认可,但往往出现实践经验不足与现实客观要求之间脱节的问题。再如,对教育的复杂性、专业性缺少足够的认知,当碰到诸多问题后,会出现"摇摆""举棋不定"的状态,迫切需要得到指导和帮助。对于4—5年左右的教师,职业基本稳定,但一定程度上会出现两极分化,一部分教师在积累了一定的经验后,会快速第二次成长,积极追求进步,一部分会趋于自我满足、故步自封。

概言之,职初教师的成长特点要求我们必须遵循教师发展规律和特点,引导、激发影响其专业发展最核心的特质和动机,让他们由被动学习、被动关联和被动发展逐步走向主动发展和主动学习。解决了动机问题,其外显的态度、知识和技能也就水到渠成了。笔者针对职初教师专业发展的规律、特点以及实践研究,结合上海市见习教师规范化培训的四大模块,即职业感悟与师德修养、班主任工作与育德体验、课堂经历与教学实践、教学研究与专业发展,对标教育部《中小学教师专业标准(试行)》师德为先、能力为重、学生为本、终身学习的发展理念,归纳提炼出影响职初教师专业发展的职业态度、教育理念、反思意识、科学研究、团队合作等要素,据此提出职初教师专业发展可以重点聚焦岗位认同力、教学执行力、树人育德力、学习研究力、协作沟通力五大关键能力。

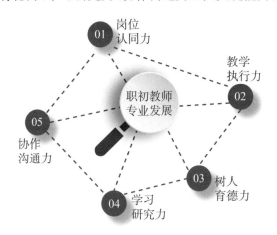

图3 职初教师专业发展五大关键能力

岗位认同力,即职初教师应对所从事的工作岗位的内涵和职责要求有正确的认知,对教师职业有正确的价值判断,准确把握工作定位,积极融入学校文化,激发工作热情和工作动力。坚定教育信念,有清晰的自我发展方向和目标,能够科学合理规划职业路径,主动追求发展。

教学执行力,即科学制订教学目标和教学计划,有效组织和实施教学活动,具有跨学科教学视野。对学生如何学习有清晰的认识,科学制定教学实施方案,能够运用多种教学策略支持学生个性化学习。深入研究教材、研究学生、研究教学,养成及时反思与改进的职业习惯。

树人育德力,即牢固树立德育为先、育人为本的发展理念。主动自觉地培养学生的道德品格,关注育德的主动性以及时机、方式和技巧等。深入理解学科的育人价值,提高育德敏锐度,能够通过目的性较强的育德行为,选择恰当方式达到育德效果,建立良好师生关系。

学习研究力,即充分意识到教师专业学习的重要性,具有强烈的学习自觉性和热情,以及求知、探究的欲望,具有知识储备、应用与转化的意识和能力,坚持专业卓越的学术追求。增强问题意识,掌握一定的科研方法和科研规律,能够运用教育研究方法解决教育教学实践中的问题,对教育的复杂性和专业性有科学的审视态度。

协作沟通力,即增强团队意识,和工作伙伴建立信任关系,积极推动团队建设。在与工作伙伴、学生和家长等的交往中,能够以尊重、包容和理解的态度建立相互促进、相互发展的人际关系,多方协同,合力育人。充分发挥个人才干,能为形成集体智慧、达到互利共享贡献力量,在协作沟通中实现个人和团队发展。协作沟通通常包括分工合作、尊重真诚、宽容理解、平等互利等要素。

二、职初教师专业发展基本认识

教师专业发展是一个循序渐进的动态过程,教师通过实践改进、反思研究等途径,不断丰富知识结构,获得情感认知,进而从新手教师逐步发展为成熟教师。从教师职业生涯的生命周期理论来看,入职1—5年的职初教师是最具有发展潜能的群体,比其他阶段的教师更具发展优势。与此同时,这个阶段也是最容易产生专业困惑和职业迷茫的时期。教师能否做好准确的自我身份定位、能否形成正确的职业价值认同,会深刻改变其专业发展文化,对日后的职业行为产生直接影响。由此,这一过程中为职初教师的起步发展提供可依循的规范要求和标准指引成为必然之需。

(一)入职第1年的模仿适应

参加工作第1年的职初教师,从理想中的"追梦人"到现实版的"小先生",对教育工作的认识还比较模糊,工作中以模仿为主,其工作动机主要为岗位生存。由于实践经验不足,主观判断居多,有时工作中存在一定的盲目性。忙于应对岗位适应所带来的各种挑战,如角色转换的挑战,从"同学"到"同事",从父母眼中的"宝贝"到家长眼中的"权威";如沟通能力的挑战,面对与学生、家长以及同事间的交往,缺少经验与方法,有时人为设置诸多交往"屏障"。同时,根据相关研究,这一阶段的教师表现出典型的自我关注。如关注自身现有能力水平与合格教师标准之间的差距;关注自身固有经验或理论与复杂的实际现实问题之间的脱节,关注自身的主观愿望与岗位职责要求之间的错位。当理想和现实产生落差时,往往由于压力大而产生焦虑紧张。由此,要迈好职场第一步,就必须从职业素养、教学知识以及学生研究等方面夯实基础,立足"规范",在实践体验、反思修正中稳步前行。

（二）入职 2—3 年的尝试独立

经过 1 年的岗位适应，职初教师熟悉了教学流程，掌握了基本的教育教学规范要求，希望在工作岗位上"崭露头角"成为其工作的主要动机。他们开始尝试独立教学，努力使自己从"小先生"成为"教书匠"；逐渐从认识教师职业特点转变为寻找职业感觉，也从第一阶段的"掌握教育教学基本规范"过渡到"产生有效做法"。此阶段的教师对于岗位角色的认识逐渐清晰，主体意识增强，试图能在学生中树立威信，提高自我效能感。这一阶段，教师在关注自我职业生存需要的同时，开始关注胜任教学所需的知识、技能和方法，由关注自我开始转向关注学科，教学语言逐渐成熟，表达的准确性、适切性有所增强，学情分析针对性加强。他们开始关注如何高质量地完成教学任务，探索有效教学方法；关注如何能让自己有更好的工作表现，表现出强烈的归属需要；与此同时，试图在吸取他人经验的基础上改进教育教学行为，快速提升自己。入职 2 至 3 年的教师对实践教育教学经验有了一定积累，在努力使自己胜任教学的基础上寻求新的发展，希望得到学校以及同事的认可。

（三）入职 4—5 年的自我审视

经过 3 年的实践体验，教师对教育工作的认识由感性逐渐上升到理性，职业发展成为其主要工作动机。职业习惯逐渐养成，力求从"教书匠"成长为"研究者"。这个阶段的教师有了一定的经验积累，能自我审视教育教学问题，能有效开展基于经验的行为改进与反思的课堂教学，从第二阶段的"产生有效做法"逐渐过渡到"形成个性特点"。着手开展课题研究，开始理解学科知识体系，从最初入职的迷茫、无经验逐渐走向胜任和有经验，能比较熟练地运用教育教学方法。开始认识到教师专业发展的重要性，努力探索其中的"门道"。学科的育人目标逐渐清晰，关注教育教学是否能促进学生核心素养发展，学生是否学有所获。寻求获得工作的满足感，希望成为一名经验型教师，能在学校获得"一席之地"。与此同时，开始出现教师已有经验、工作习惯与教育创新之间的矛盾，进而导致分化的现象。部分教师经历了 3 年的摸爬滚打，奠定了基础，蓄势待发，试图超越自我，产生强烈的职业追求，希望努力成为一名经验型教师。相反地，对于部分教师，教学逐渐成为"流程化"工作，职业行为通常是同水平反复，满足于现状，职业定型现象明显,缺乏职业发展内驱力,开始出现职业倦怠。

综上所述,梳理和认识职初教师不同时期的职业表现,为探索职初教师专业发展的有效路径和采取有效策略提供了重要依据。

三、职初教师专业发展实践导引

实践磨砺和经验积累是职初教师专业发展的重要起点和有效路径,需要强调的是,职初教师的实践不是一般教育教学工作的泛指,而应当是围绕明确的专业发展目标,制定专业发展规划,确定具体的实践路径,落实有效的工作策略,进而开展的锻炼与思考。因此,职初教师教育教学实践必须减少盲目性,增强针对性,体现有效性。基于这样的认识,就有必要为职初教师的实践提供明确导向和操作要点,为职初教师的专业发展保质提速。

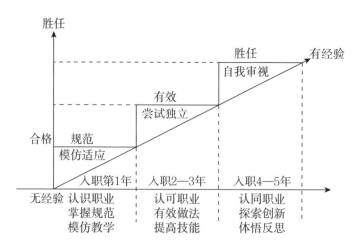

图4 职初教师不同时期的发展特点

(一) 体验职业知规范

职业感知是职业认同的前提,作为初入教坛的教师,首先要做的就是通过不断地实践体验,逐步加深对教师职业的感知。而对教师职业的感知又往往是从其外显的课堂教学规范开始的。因此,从把握课堂教学规范入门就意味着迈出了专业发展的第一步。

1."切对"学校文化

每所学校都有独具特色的办学理念,学校文化是学校教师所具有的教育理念和行为方式,具有价值导向、凝聚人心以及规范行为等文化特质。入职第 1 年的教师作为学校团队的新成员,生活在特定的学校环境中,学校文化不仅会影响其对周围世界的思维方式,甚至会影响其价值观和世界观。职初教师可通过查阅学校办学历史资料、观察学校文化环境建设、访谈同事、学习学校管理制度等多种途径了解学校的办学历史及办学理念。通过岗位体验、环境体验以及生活体验,充分感受学校的团队氛围、教育资源和教育品质,将学校的发展愿景"植入"到个人发展目标之中,进而实现个人职业生涯与学校发展的紧密关联。

2. "备对"教学内容

备课是实施教学活动的首要环节,备课质量会对教学成效产生直接影响。入职第 1 年的教师,必须在掌握备课方法上下真功夫。一方面,要在全面准确地把握和领会课程标准的基础上,备好教材、备好学情、备好学法。另一方面,要详细解读本教学内容在单元中的地位和功能,以及与之前的学习内容、之后即将学习的内容之间的逻辑关系,仔细分析学生已有的知识储备、已有的学习经历,该学习内容对学生核心素养的培育有哪些作用,等等。人民教育家于漪老师的"三次备课三个关注点"的原型经验值得职初教师好好学习和借鉴。第一次备课,关注自我经验。不看任何参考书与文献,全按个人见解准备教案。第二次备课,关注资料文献。广泛涉猎,仔细对照,看哪些东西自己想到了,别人也想到了;哪些东西自己没有想到,但别人想到了,学习理解后补进自己的教案。第三次备课,关注课堂现实。边教边改,课后再次"备课",修改教案。在三次备课过程中,有效开展经验与理念、设计与现实的反思。于漪老师说:"坚持三年,必成名师,是否成为名师不重要,如果真能这样做,肯定会有大的进步。"

3. "拟对"研修计划

教师职业的专业性和教学对象的复杂性决定了教师必须具有终身学习的意识和能力。作为"菜鸟"教师,要迈好职业生涯的第一步,职初教师应从个体已有经验为出发点,对自我知识结构和发展方向有清晰的认识,找准自身专业发展的薄弱点和生长点,从个体实际出发,明确学习目标,做好可操作、可检测的个人专业研修计划。通过听中学、悟中学、研中学、做中学等途径,力学笃行,做一位有学习力的幸福教师。例如,科学规划自己的阅读领域,做好读书计划,提高学识学养,丰富知识结构;聆听专家报告,扩大教育视野,提升专业素养。又如,访谈名师,阅读名师成长案例或故事等,从名师的育人理念、育人方法、育人智慧、育人风采中学习,从榜样中学习,通过对照寻找自我与优秀教师之间的差距,进而采取自我发展行动。再如,积极承担或参与各类项目和课题研究,躬行实践,通过做中学,增长实践智慧,获得直接经验。

(二)学会反思习技能

在把握教学常规的基础上,职初教师开始由教坛"新手"向尝试独立教学的"熟手"过渡。其中,巩固先前掌握的基本教学规范和基本技能就是专业发展的重要任务。而要完成这一任务,其路径在于对课堂教学的深入探索,以及对个人教学行为的反思和优秀经验的学习。

1."写好"教学反思

教学反思是教师通过观察、回顾和诊断等行动研究,反观自身的教学行为,进而对教学理念再认识、对教学行为再修正的过程。简单地说,教学反思就是对教学活动进行合理、有效的分析思考,即研究自己如何教、如何学。叶澜教授说"一个教师写一辈子教案难以成为名师,但如果写三年反思则有可能成为名师",这突出强调了教学反思的重要性。职初教师应对自己的教学实践不断地进行回顾,做好每一次教学反思。教学前,对教案设计进行反思,思考设计是否关注到学生的个体差异以及教学目标的达成情况,然后不断修正优化,进而使教学设计更具科学性。教学中,及时反思教学实施中的问题,如是否注意到学生的学习特点,然后根据分析,调整教学计划,保证教学有效开展。教学后,反观本次教学有哪些创新、有哪些成功与不足之处,总结实践经验,为今后的教学提出改进策略。

2."学好"优秀经验

入职第一年的教师在实际工作过程中很容易产生职业迷茫,这个时候非常期待能有一个"智能伙伴",能随时随地百问百答,适时适切地分享经验。这个工作伙伴就是身边的优秀教师。俗话说"站在巨人的肩膀上能走得更远",职初教师可通过"望、闻、问、切"的方式学习优秀教师的经验。"望"即观察职业行为,可以关注优秀教师每天的工作状态、处理问题的方式方法和职业习惯等;"闻"即感受教育理念,可以走进优秀教师的课堂听课,深入感受其教学理念和教学方法等;"问"即咨询教学问题,可以就某些问题和优秀教师进行深入探讨,获得可行的方法或有效策略;"切"即寻求发展规律,探析优秀教师专业发展的成功之处或失败之处,从中获得启示或借鉴。

3."研好"教学对象

教师应清楚地认识到每个学生都是独立的个体,每个学生都有发展的潜能,只有做好学生的学习特点、需求以及兴趣等的研究,采取个性化的教学方法和策略,才能满足学生的个体差异,促进核心素养的培育。对职初教师而言,可以通过"查、阅、观、谈"等方式做好教学对象研究。"查"即可以通过问卷调查、家访以及背景调查等方式,了解学生的家庭环境和文化背景等信息。"阅"即通过查阅学生档案和学习成绩评估情况等方式,了解学生的兴趣爱好、学习表现和学业水平等。"观"即可以通过观察学生的学习态度、学习行为以及学习效果等方面的表现,了解他们的行为习惯以及学习动机等。"谈"即可以定期与学生进行个别或小组的讨论,听取他们的意见和建议,通过与学生的交流和沟通了解他们的学习需求与期望。总而言之,研究学生是实施有效教学的关键,环境创设是有效教学的基础,教师要采取合理的方法做好教学对象研究,积极创造有利于核心素养培育的学习环境,让学生充分经历自主学习、自主探索的过程,在解决问题的过程中逐步培养学生思辨探究的品格和习惯。

(三)力行体悟求发展

随着实践的增加和经验的逐步积累,职初教师在好学力行的基础上,应当结合职业体悟对专业发展提出更高的目标和要求,更多地关注教学机智的形成,通过教育科研自觉用理论指导个人的教育教学实践。同时,针对个人实际对自己的专业发展规划进行优化和调整。

1."理活"教育智慧

良好的职业习惯养成对加速教师专业发展起着至关重要的作用。开展真问题研究,整理教育智慧是教师必须具备的职业习惯之一。"理活"要求教师能够搜集教育教学中的相关事实或证据,发现"真"问题,然后运用相应的知识分析问题产生的"真"原因,形成解决问题的"真"思路,采取尝试解决的"真"行动,最后以批判的视角审视行动效果,整理出"真"智慧,如形成一个教学案例、分享一个教育故事、撰写一篇教学反思、开展一个课题研究。捕捉教育事件、整理教育智慧是加快职初教师专业成熟的"催化剂",也是职初教师增强研究意识,提高科研能力的有效途径。

2."定活"发展规划

科学的发展规划有如"导航系统",能为教师职业发展提供精准指向,缩短教师的成长周期。"定活"有两层含义：一是指要制定切合自身发展特点的规划；二是要根据自己专业发展的需求和教改的深化，对自己的专业发展规划适时进行调整和优化。首先，做好自我分析，为自己定一个"职业"目标，科学拟定一份近3年的个人发展规划，有计划地预见未来的自己。设定目标是走向成功的第一步，也是成功的第一起点。发展目标设定后，须定好每一阶段的小目标，分步完成阶段目标。其次，对自己的规划落实情况进行阶段性的回顾总结，根据自己的工作实际及客观情况发生的变化，对规划中的目标、内容以及举措进行相应的调整，以确保规划的有效实施。

3."做活"课题研究

随着实践经验的积累，有4—5年工作经历的职初教师应当能对教育教学问题或现象进行理性判断和归因分析，从当前自己最需要解决的问题着手，以独立或共同协作的方式开展"小课题"（或项目）研究。凡事多问几个为什么、是什么，如今天教学中发生了什么问题或什么现象，是什么原因导致了这些问题，可以采取什么方法解决这个问题，带来的启示是什么，后续可以有什么行为跟进。通过"实践体验—行动研究—反思改进"不断地循环往复，逐步形成"发现问题—分析问题—解决问题—智慧整理"的研究习惯，增强问题意识，掌握基本的科研方法。

综上所述，职初教师从无经验教师成长为有经验教师，应把加快专业成熟作为发展的出发点。坚定教育信念，养成良好职业习惯，形成以提高教学力为宗旨，以提升育德力为核心，以规划力为指引，以研究力为保障，以学习力贯穿始终的专业发展格局，不断实现自我超越。

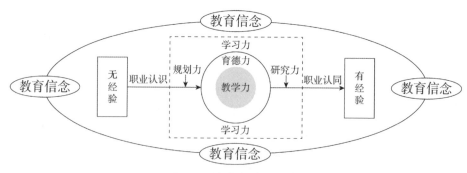

图5　职初教师成长系统

模块一

从规范到合格

——入职第 1 年的职业起步

从大学校园的学生转变为教坛新手,这给初出校门的职初教师带来的不仅是角色转换的新鲜感和神秘感,更多的是岗位适应的挑战和困惑。初入教坛的他们还散发着浓浓的"书生气"。大学里系统的专业理论知识学习使得他们对将要从事的教师职业充满期待和好奇。然而,由于对教师职业还缺乏足够的体验,对教学常规的认识也才刚刚开始,这一切使得他们站上讲台还有些惶恐不安,在第1年的任教过程中,面临着诸多的挑战和压力。教师专业发展的规律表明,这些都是职初教师专业成长必然要经历的阶段。问题在于要采取有效举措,引导职初教师从理论知识走向专业实践,帮助职初教师尽快适应教师岗位。为此,这一专题分别选择认识职业特点、规范职业行为、学会有效沟通、把握教学规范等话题,从把握教学基本规范入手,为职初教师释疑解惑提供导向。正所谓"纸上得来终觉浅,绝知此事要躬行"。

主题一　认识职业特点

认识职业特点是从事职业的首要前提,教师职业也不例外。必须强调的是,对职业特点的认识不是单凭书本的介绍就可以获得,而是需要在自身的实践体悟中才能有逐步清晰的认识。甚至是在遇到困难,产生迷茫,走过弯路之后才会幡然醒悟。对职业特点的认识,离不开职业的实践体验。

新手教师步入职场的"门道"

【情境描述】

小李刚参加工作便负面情绪满满,原以为自己毕业于师范院校,获得双学位,专业基础好,定能在工作中大展身手,脱颖而出。理想很丰满,但现实却很骨感。在学校团队中,小李总感觉自己是个局外人,与整个集体格格不入。在新教师教育教学技能大赛中,也没有获得等第奖。她感到很沮丧,不免对教师职业产生怀疑,作为职场新人的她不知未来的职业愿景在哪里。

【释疑明理】

很多职初教师都会像小李一样,对教师职业充满期待,满怀憧憬地步入职场,希望能在岗位上大展身手。然而,当真正走上工作岗位后,才发现自己对教师岗位的认识还不清晰,并未真正做好入职准备。当职业抱负和自我期望不能实现时,不免会对职业产生迷茫和质疑。作为"菜鸟"教师,形成对职场的客观认识、定位自己的职业价值很重要。优秀教师的成长经验启示我们，应该充分发挥自身的职业优势，并以此为基点建立起个体专业发展的壁垒。这是新手教师快速成长的"利器"。下列共性的问题或许能帮助新手教师找到些许步入职场的"门道"。

 【迷津指点】

1. 我的职业优势是什么？

职业优势包括教师的专业特长、能力潜质以及工作风格等。教师应清晰地做好自我审视，如：我最擅长的领域（包括班级管理、团队建设、课题研究以及项目设计等）是什么？从中选定一个或多个领域，让它成为自己立足职场的特有名片。要找到自己的职业优势，可以通过多渠道展开，如自我评价（即我眼中的"我"）、同事评价（即他人眼中的"我"）、工具评价（即第三只眼睛中的"我"）等。自我评价即进行自我剖析和自我洞察。他人评价即听取工作伙伴的意见，广泛收集信息，以避免自囿于认知盲区。同时，在自我评价和他人评价的基础上，还可以借助职业测评工具，这些专业的测评工具会从另一个视角做出客观的个性化分析。

2. 我的职业愿景是什么？

建立职业愿景能激发自我成长内生力，会让我们更加明确工作目标和工作动机。教师个体的知识储备和努力程度将对职业愿景起到关键影响。教师要学会经常自我发问：我目前的发展起点是什么？想要达到一种什么样的职业状态？学校能为我创造什么条件？我的职业追求是什么？……与此同时，新手教师要勇于承担各种任务，积极开展项目（课题）研究，明白完成任务的过程就是成长历练的过程；还要不断提高职场影响力，借助各种平台展示职业优势，如教研活动、教学展示以及学术论坛等。只有通过展示自我，把职业优势发挥到极致，让职业能力得到大家的认可，才能进入成长"快车道"。

3. 我的岗位职责是什么？

初入职场的教师还属于"职场菜鸟"状态，这个阶段的关键是要快速认清自己所从事的岗位。岗位是教师展现个人能力和实现人生价值的舞台，每个岗位都有其特定的工作内容、职责和要求,拥有相应的责任和权利。岗位职责即所需要完成的工作内容和应当承担的责任。教师要充分认识自身岗位职责的内涵:该岗位的职责是什么、绩效目标是什么,胜任该岗位必备的能力是什么,而我的优势能力是什么、潜在能力又是什么、亟须提升的是什么,等等。只有准确把握工作定位,设定岗位目标,才能将它们内化于心并产生自觉行动,而不是被"岗位是谋生的工作"的肤浅认识所裹挟。职初教师应成为工作的主人,通过咨询、请教同行及查阅学校相关制度等,深入了解自己的岗位职责并努力践行,力求工作绩效最大化,这样才能快速融入工作环境。

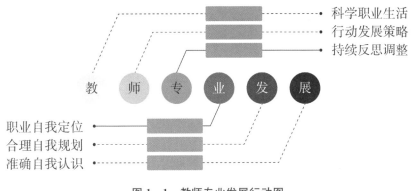

图 1-1　教师专业发展行动图

让自我研修价值最大化

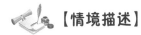【情境描述】

刚入职的小胡勤奋好学,为尽快提升自己,她认真参加各项研修学习活动,不论是集体学习还是小组研讨等都积极参加,希望通过学习尽快提升自己的教育教学水平。但让她感到困惑的是,花了很多时间"充电"学习,但总感觉很盲目,针对性不强,对工作帮助也不大。她很茫然:该如何提高研修成效呢?

【释疑明理】

教师的职业特点决定了其必然是终身学习者。教育是一个不断发展和变化的领域，新的教育理论和方法不断涌现，特别是在"双新"实施和以学生核心素养培育的课程教学改革不断深化的背景下，教师需要持续学习，掌握新的知识和技能，主动适应教育改革发展的需要。由此，职初教师应修习善业，始终让自己保持"充电"状态，因为丰富的知识储备是提高职场影响力的"动力燃料"。增强自我研修学习的主动性和能动性，学习了解新事物、新发展、新变革。丰厚科学文化知识，积淀学识学养，具备与时俱进、通融博雅、慎思明辨的科学精神，形成从学习积淀、实践反思到行动改进的成长路径，真正成为受学生欢迎的教师。

 【迷津指点】

1. 列出"负面清单"，找出自己的问题

找准问题是保持自我"充电"，提高研修成效的最佳办法。教师应以补齐自身"短板"为出发点，尝试列出促进自我提升的问题清单。问题即目前现状与未来期待之间的差距，并用这些问题来跟进研修计划。例如：我最不擅长的教学技能是什么？最欠缺的教育理论有哪些？最需要提高的教学品质是什么？哪些教学品质是可以通过自我研修获得的？希望达成什么目标？应该怎样改变自己的教学行为？想清楚这些问题，进而将其分解成可检测的学习行动，让自己始终处于有效、有序的"充电"状态。

2. 亮出研修计划，设定成长期望

成长期望就是为自己设定研修目标。设定成长期望会让学习变得更主动。研修学习应是教师的一种职业习惯，针对列出的"问题清单"，科学拟订一份研修学习计划是关键。建议教师可以每学年制订一份研修计划，围绕教学理论、实践技能、教育科研以及学识学养等领域，明确学习内容、学习目标和学习路径。希望通过学校组织的集中研修学什么？希望从团队伙伴中学什么？个体自我研修学什么？可以制定一个时间表以确保研修计划的落地实施。同时，大胆向带教导师或工作伙伴"亮出"研修计划，听取周围人的意见，不断审视自己的学习计划,增强学习行动力和意志力。

3. 输出研修成果,注重内化分享

教师在个体研修的基础上,应经常做自我审视,检查自己的学习目标有没有发生变化,有没有取得应有的效果,定期做好梳理提炼。要想让自我研修更高效,就要正确处理好"输入"与"输出"之间的关系。学习是一个输入的过程,输出则是把学习后的知识再加工,这样倒逼自己对知识进行内化和理解,可以让学习更高效。"输出"可以有多种方式,例如可以在学校学术论坛活动、教研活动等向同伴分享学习感悟,这是促进教师内隐知识显性化的一种方式。通过这样的方式,一方面有助于教师反思自己的研修行为,促进学习真正发生;另一方面可以让自身的研修成果可呈现、可传播,进而使自己保持良好的职业状态,提升自我效能感,使自主研修常态化和专业化。

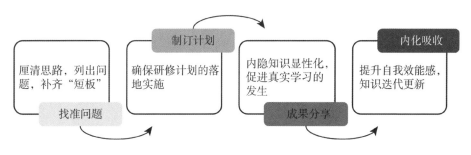

图 1-2　教师自我研修四环节

我是教育的追梦人吗

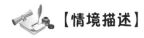【情境描述】

参加工作后的某一天,大学同学搞了一次聚会活动。同学中有不少外企白领、政府公务员等,他们对工作充满了成就感。看到他们颇为自豪的神情,再对比自己的工作,刚入职的小李老师感觉落差很大,他当初选择教师职业是遵循了父母的意愿。心理落差使小李对此产生了动摇,开始怀疑自己是不是选错了。

【释疑明理】

对某一现象进行比较时产生心理落差,是一种正常的心理反应,这种心理落差的克服需要从多角度去思考。对于职业,不能仅仅做经济待遇的比较,还须从职业的特性和价值等多方面进行分析,从更高的思想境界来认识教师职业。消除心理落差的关键在于心态,在于境界,在于对职业理想的坚定追求。教师肩负着培养学生具有崇高理想的光荣使命,政府也在不断加大对教育的投入。2018年《中共中央 国务院关于全面深化新时代教师队伍建设改革的意见》提出,加强教师队伍建设是一项重大政治任务和根本性民生工程,明确了教师队伍建设的改革思路:要切实强化待遇和权益保障,进一步扩大广大教师的获得感、幸福感和荣誉感。教师这一职业受到全社会的尊重,教师自身当然更应当一以贯之地坚定自身的职业理想和教育信念。

 【迷津指点】

1. 做自己喜欢的事,坚定职业信念

从案例叙述的情境来看,这位教师产生心理落差是因为看到不少大学同学所选择的职业收入高,社会地位也令人羡慕。职业比较包括经济收入和待遇,这点毋庸置疑,毕竟谋生是基本的需求,但是作为职业的选择,更有意义的还在于职业理想和职业追求。教师的使命是为学生提供优质的教育,并对他们的成长负责。教书不仅仅是一种职业,更是立德树人的事业。"什么是幸福?"其实做自己喜欢做的事,为实现自己的情怀和理想而努力工作,就是最大的幸福。职业的贵贱不在于经济收入的高低,而在于内心对这个职业的价值判断。俗话说:"心有光芒,必有远方。"

2. 相信自己的选择,增强职业认同

教育的根本使命是立德树人,所以从事教师职业是需要理想和情怀的。从这个意义上说,教师的职业境界就不再仅仅是待遇问题,而是更多地把育人作为一项神圣使命,在育人的实践中、在学生健康成长和全面发展中感受职业的价值,产生为教育理想实现而奋斗的自豪感。这也就不难理解,为何从事教师职业必须突出地强调师德修养,强调教师必须不断增强职业认同,这些都与教师的职业特性密切关联,是由教师的职业特点决定的。事实上,如果每个人都从自己所从事的职业价值和理想追求着眼的话,那也就不存在心理落差的问题。建议以后若遇到这类比较,教师还须多从职业的特性和价值进行思考,从更高的思想境界来认识所从事的教师职业。

3. 关注学生发展,体会教育价值

立足于教师育人价值的崇高,教师应当更多地思考如何通过自己的辛勤劳动努力培养人、发展人。人民教育家于漪老师说:"教师是用精神的成长创造使命的精彩,为师者的思想须有高度,脊梁骨须有硬度。教育从来不是一个结果,而是一个生命展开的过程,它永远面向未来。"我们要把每一位学生都看作是具有鲜活生命的个体。在日常的教育教学过程中,关注学生的发展与变化、诉求与渴望,尊重学生在个性发展上以及学生个体之间的差异;理解学生在特定年龄阶段所表现的不同心理和性格特点;通过真诚的沟通和交流,真正走进学生的内心,把握学生思想和情感的脉动。这何尝不是一件乐事呢? 相信在学生的成长与进步中,我们会感受到职业的价值,体会到教师"给予"所带来的幸福。

我确定要一辈子当"孩子王"吗

 【情境描述】

小宋是一位刚参加工作的幼儿教师,当初她选择学前教育这个专业时,对这份职业并不了解也没有太多思考,仅仅凭着喜欢孩子,对这份工作充满了期待。殊不知,随着工作的推进,她发现教师职业和自己原先的想法有差异。例如,幼儿教师除了教育幼儿,更要关注幼儿的生活,还要布置环境、创设丰富的区角活动、与家长进行沟通……渐渐地,她对幼儿教师这份职业产生了迷茫。

 【释疑明理】

当职初教师真正走上工作岗位时,往往会发现理想很丰满,现实却很骨感。

幼儿园教师不仅要计划和安排每日每周的课程,还要考虑班级环境的创设、区角活动的布置、班级常规管理的建设、如何与家长进行沟通等。面对幼儿层出不穷的情况,往往又要一人身兼数种"身份"。职初教师没有丰富的经验,在处理自己不擅长或未经历过的事情时会显得力不从心,进而产生抱怨和焦躁的情绪,容易对职业产生迷茫和质疑。作为教师,如果你有一颗喜爱幼儿的心,有对这份职业的期许,那么就一定要能认识和理解幼儿教师的职业特点。"善之本在教,教之本在师",教师要树立正确的教育理念,理解幼儿教师的特点,在不断努力思考、调节和研究中充实自己。

 【迷津指点】

1. 我们是教育的研究者

在和幼儿交往的一日生活中,教师一定会发现幼儿的天真无邪和童言稚语,一定会感受到他们带来的快乐。幼儿教师工作的对象有不成熟性,每个个体又非常个性化,教师应该关注每个幼儿的个体差异,根据幼儿的个性、兴趣和能力,实施个性化的教育。通过教育研究,教师会对教育行为进行反思,在解决问题的过程中探索出独特的教学方法与措施,变得更得心应手。在实践过程中,教师会为幼儿的发展变化而感动,会感受到教育的成就感,也一定会坚定和坚持自己最初的梦想。

2. 我们是工作的全面手

幼儿教师就如孙悟空一般,有着十八般武艺,七十二般变化。面对幼儿时,教师是"保姆",越是年龄小的班级,教师的保育工作就越要细心,也更繁重;教师是"演员",一会是"医生",帮"病人"看病,一会是"交通警察",在"指挥"交通;教师是"民事调解员",每天都要处理小朋友们的告状与争执;教师是"侦探"、是"维修工"……面对班级工作时,教师是"室内设计师",要进行班级环境创设;教师是"玩具厂家",用废旧物品制作有趣的教玩具。教师应与幼儿建立亲密和信任的关系,增强对幼儿的责任感和职业信念。面对家长时,教师是"心理辅导师",要根据家长的不同个性与需求采取不同的沟通方式。与家长建立良好的合作关系,保持良好沟通和交流。……种种身份与工作汇成了特别的幼儿园教师这份职业。

3. 我们是幼儿的照料者

幼儿教师既是教育者,也是幼儿的照料者,承担着为幼儿提供基本生活照料并确保他们的安全和健康的职责,如吃饭、睡觉等。幼儿阶段是儿童身心发展的关键时期,既需要教师提供良好的保育环境,又需要教师提供适合儿童发展的教育活动。由此,教师既要了解儿童的生理和心理特点,为他们提供个别化的照顾和支持,又要了解儿童的发展特点,根据儿童的兴趣和能力制定适合他们的教育活动。一个班级就像是一个大家庭,教师是这个大家庭的班主任。在工作过程中,教师要给予自己信心,用自身的专业知识教育和引导幼儿的学习与发展,培养他们良好的行为习惯和道德品质;同时,教师要照料幼儿生活,帮助幼儿增强自理能力。

【工具百宝箱】

入职 1—5 年是教师夯实专业基础、坚定教育信念,养成职业习惯、站稳教学讲台,蓄势待发的"黄金时期"

主题二 把握教学规范

对教学规范的了解和把握是职初教师成为合格教师的重要起步。教学规范不是简单的程序,而是反映教学规律操作的标准,因而对教学规范的把握需要在不断的实践中才能实现。同时,对教学规范的把握意味着要不断地纠正不规范的教学行为。职初教师把握了教学规范就意味着在专业发展的道路上跨出了一大步。

不要做预设的"搬运工"

【情境描述】

小王是一名刚参加工作的数学教师,每次上课前他都认真备课,写好教案,做好课件,预设好问题。但是在课堂教学中,学生经常会"冒出"很多新问题,而这些问题不在他的备课预设之中。这让小王老师很是苦恼,若按原计划进行,感觉太死板,若先解决学生产生的新问题,教学程序又会被打乱。到底是应该立即解决学生上课过程中产生的新问题,还是应该按原计划继续完成教学任务?

【释疑明理】

教师备课不能没有预设,但课前预设与实际教学之间肯定会有矛盾,需要教师根据教学实际情况灵活做出调整,这就是课堂教学的生成性。它考验的是教师教学的艺术性。这是新手教师需要加速积累的实践教学智慧。在课堂教学过程中,经常会产生新问题,这些问题很可能不在教学预设中,这往往会使新手教师感到左右为难。实际上,这与原先的教学设计并不产生根本冲突。教学生成是一件有意义的事,它表明学生参与课堂教学活动是积极、主动和富有成效的。如何在精心预设的基础上追求课堂教学的动态生成,不妨从以下几方面进行思考。

 【迷津指点】

1. 心有"案"而行无"设"

课堂教学是一种有目的、有意识的教育活动,对课堂教学的预设不是为了限制生成,而是为了使课堂更有成效地生成。课堂中,教师应该关注学生多方面的成长和学生生命活动的多面性,更多地研究学生的学,适时为学生"留点空白",给学生的自主建构创造机会。当学生不按教师的"预设",提出一些预想不到的问题或独到的见解时,教师要充分发挥聪明才智,大可不必硬把学生"拽"到自己设计好的线路上来,而应因势利导,及时捕捉这些生成性资源,通过判断、分析、重组等,随时调整教学方式,形成新的教学程序。

2. 打有准备之战

课堂教学要达到预期效果,必须进行充分的预设。[①] 教学预设既包括教学策略的预设,如用什么方法解决什么问题、达成什么目标;也包括对相关媒体材料的预设,如需要用到哪些学习材料、什么时候呈现学习材料。有了充分的预设,才能有及时、灵活的应变,进而促进"生成"学习环境的构建。教师在仔细研读教材的基础上,应把教材内化为自己的东西,做到心中有数,收放自如。课前预设问题时,应着重思考学生是否已经具备了学习新知识所必需的知识起点,哪些内容学生可通过预习了解和掌握,学生是否具备了相应的学习经验,哪些知识需要在课堂上引导讲解,哪些内容会引发学生的讨论兴趣,等等。唯有如此,才能使预设具有针对性和开放性,做到"打有准备之战"。

3. 养成问题解决中的研究习惯

课堂教学是通过师生互动、生生互动构建知识的过程,在互动过程中会产生很多生成性信息,这些动态生成的信息是思维认知的表征,是教学活动生长点的

---

① 程书丽.基于教育白板 构建"生成"学习环境[J].中国电化教育,2011(11):31-32.

主要载体。① 对这些动态生成的信息资源教师应及时捕捉,因势利导,对预定的目标和内容进行适时调整,促进学生知识的建构。这对教师教学机智的增长和课堂问题的处理带来挑战。教师可以通过对课堂上一些关键事件的处理,养成在教育教学中开展研究的工作习惯,在问题解决中获得新发现、构建新经验。教师应定期对自我的专业成长进行诊断或评价,如学生有问题能不能及时发现、处理教学问题的方法是否更科学、课堂教学技能是否有提升、对学科的认识和理解是否更深入等。通过持续不断的实践研究和教学反思,教师会自然生成与积累智慧,这是促进教师专业发展的有效环节。

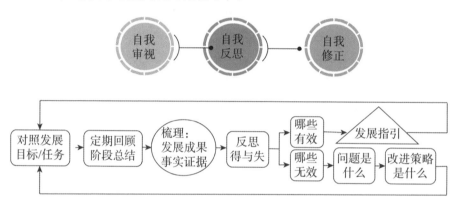

图 1-3　教师专业发展过程

怎样让我的课堂"拷贝不走样"

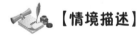【情境描述】

　　小叶是一名刚参加工作的语文老师,学校给她安排了一位特级教师带教。她非常用心地跟师父学,每节课都是先去听师父的课,然后再自己上课。但自己上课的实际效果却与师父的大相径庭,这让她非常烦恼。按照师父的课"拷贝不

---

① 程书丽.基于教育白板　构建"生成"学习环境[J].中国电化教育,2011(11):31-32.

走样"完全复制了,为什么效果会不尽如人意呢?

【释疑明理】

对职初教师来说,借鉴名师的教学设计,模仿名师的教学技巧无疑是站在巨人的肩膀上快速提升自己专业水平的有效途径,是教师成长的必经之路。但是许多职初教师在模仿名师的教学时,只是盲目地照搬复制,结果造成了"东施效颦"的局面,形似神不似,达不到预期的效果。教学活动的流程可以生搬硬套,但学生是不同的,这其实很考验教师的课堂智慧。对于名师课堂,我们不仅要学习其"大雪无痕"的教学艺术,更要领会其个性鲜明的教育思想,还要学会思考和辩证分析,经过思考的"移植"才会真正生根发芽。

【迷津指点】

1. 知己知彼,做好模仿前的分析比较

教师是育人的职业,而人的学习成长是一个非常复杂的过程,涉及诸多因素,并不能指望运用一种经验、一种方法就能解决所有问题。因此,认真学习优秀教师的经验是必要的。但如果仅仅是原封不动地照搬,其结果也不一定能如愿以偿。在认真学习名师经验的基础上,教师要学会深入思考:名师的教学设计、教学方法以及相应的师生沟通交流为何有效? 其原因是什么? 不妨选择一些对自己很有启发的课或某些精彩的教学片段,与自己的教学进行比较分析,从中学习优秀教师的教学设计思想和相关教学策略,而不是拷贝不走样。人民教育家于漪老师一辈子有两把尺,一把尺子量别人的长处,一把尺子量自己的不足。在这种"比"和"量"的过程中,总能找到自己的不足,总能学到别人的长处。

2. 尊重差异,在"真懂"上下功夫

小叶老师应当充分考虑自己任教班级的学生和师父所教班级学生的差异情况,如果教学过程中忽视了学生差异,则是一种"目中无人"的教学。教学不应一味模仿,而应因人而异、因时制宜和因地制宜。只有在了解不同年龄段学生认知特点的基础上再进行模仿才是有意义的。教师千万不能用一成不变的目光来看

29

待学生,因为每个学生都是不同的个体,只有充分了解学生的认知特点,才能有的放矢。名师的课不能直接拿来就上,而要在"真懂"上下功夫,仅凭一两次模仿是不够的,需要教师日积月累地感悟和积淀。

3.刨根问底,做好自我反思

教学反思是教师专业发展和自我成长的核心因素,教师应重视对自己教学的反思。如果忽视对自己的教学反思,势必会导致教学效果不佳,也影响教师个人的专业成长。教师可以针对自己的教学开展一些问卷调查,了解学生对自己的教学方式、教学设计、学习指导和重难点讲解等方面的意见与建议,就其中学生反映比较集中的问题进行反思和分析。创造条件与学生沟通交流,并就这些问题的解决拿出具体措施,在实践中进行验证和改进,这样或许可以使自己的教更好地适应学生的学。与此同时,还应当经常邀请其他同事多来听自己的课,请他们针对自己的教学实践进行指导,这样就可以把学习优秀教师经验和自己的教学实践很好地结合起来,从而避免生搬硬套优秀教师的教学设计,让自己在逐步改变中不断成长。

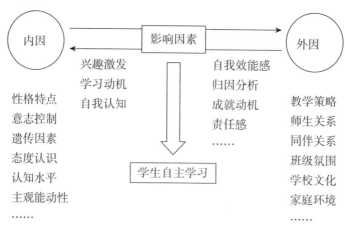

图1-4 学生自主学习的影响因素

抓不住要领的听课

【情境描述】

小王作为职初教师,勤奋好学,每天都听师父的课,可让他感到困惑的是,听课时很激动,回去后没行动。师父的课很精彩,学生活动的设计、问题情境的创设等,每个环节都值得好好学习。但小王课后回顾时总感觉理不出头绪,想在自己的课堂上付诸行动也力不从心。他陷入了深思:是不是自己听课时没抓住关键要领?

【释疑明理】

听课是教师日常教学中不可或缺的一种研修活动,也是教师从课堂中收集现实数据、开展实证研究的一种有效方法。通过课堂教学实例剖析,分析教师教学行为和学生学习方式,再通过反思修正、内化吸收,将其转换成自身的经验与行为。通过真实鲜活的教学案例,架设起理论系统和课堂实践之间的桥梁,进而使经验建构和迁移应用无缝链接,在潜移默化中提高教育教学技能。教师听课时要掌握听课要领,努力做到听前有"备"、听中有"行"及听后有"思"。

【迷津指点】

1. 听前有"备"

听课前应熟悉教材,弄清新旧知识的内在联系,了解教材意图,熟知教学内容的重难点和教学目标。设想一下,如果自己上这部分内容,会怎样设计教学方案。课堂涉及的因素很多,为使听课时收集的数据更体现针对性和精准性,听课前最好列出本次听课具体的观察点,可有针对性、有侧重地选择某一个主题进行观察,如本次听课着重观察教师提问、学生活动还是练习设计,做到心中有数,否则可能会使课堂观察出现无序随意的状态。选择好观察主题后,要设计与主题对应的观课量表,以便记录。

2. 听中有"行"

这个"行"要求在听课观课中做到听、看、记。听教师的语言表达、师生对话技巧等;听学生如何回答问题、提出问题;听学生如何讨论问题;等等。看教师的教学手段、应变能力、肢体语言以及板书设计等;看学生的活动参与度、学习的兴趣度以及成效度等。听课时还有一个关键环节是记,要认真记录,力求详尽。可以记教学环节、教学方法以及板书要点等;记师生间的精彩对话、讨论交流以及情感体验等。同时,要及时做出简要评析和体会思考。

3. 听后有"思"

课后分析可以从课堂的成功之处、问题思考以及优化建议等方面展开。例如:反思这节课的成功之处、亮点特色或精彩环节;反思这节课还存在哪些问题,所确定的教学目标及内容哪些符合课程标准的要求,哪些高于课程标准的要求,分析问题现象背后的原因并给出修正建议;反思如何规避这些问题,如何优化教学设计;等等。听后有"思"贵在坚持和积累,这些反思可以成为日后进行教育教学研究的重要素材。一段时间之后,当再去翻阅这些记录时,很可能会引发对教学更深入、更独到的认识。

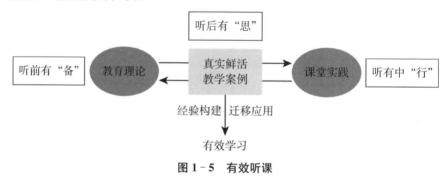

图 1-5 有效听课

"菁英"一课的四次演变

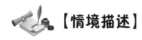 【情境描述】

高老师是一名高中地理教师,原以为上好一节地理课并不是一件难事,但是实践下来却真不容易。这就要从一节课说起。这节课是高一地理的"板块运

动"。高老师认真备课,精心设计教学流程和学习任务。初次试讲,本以为上得还不错,但是课后学习反馈时,发现学生并没有留下深刻的印象。高老师很困惑:为什么用心准备的一节课,学生的反馈却一般? 他虚心听取了伙伴的意见,大家认为:"这节课设计虽然有序但比较刻板,未真正体现以学生为中心的学习。"由此,高老师开展了"菁英"一课的探索研究。

 【释疑明理】

一节课似乎"完美"有序地完成了,但教学效果却出乎意料,这不得不引发我们对课堂教学的思考。教学不能仅停留于"有序"完成,不能是简单的知识灌输。知识获取不是学习的唯一目的,关键是让学生在学习知识的过程中培养科学的思维方法和思考分析能力。当前课改以促进每一位学生的健康成长为重要目标,对学生的个性发展和学习差异的尊重已成为教育的重要原则,因此必须从学生素质全面发展的高度来审视教与学的核心价值。教师应当深入思考如何实施有效教学,培养学生自主学习的能力,努力转变教育观、学生观和质量观。

 【迷津指点】

1. 从"有序"到"有趣"

真正的有序课堂不仅是教学流程的顺畅实施,更是符合学生发展内隐的有序。高老师思考如何把这节课设计得更能激发学生学习的能动性,他设计了"想象世界六大板块形状"的活动,根据自己的理解提前准备了形象的六大板块分布图,课上激发学生大胆想象板块像什么,然后和预先准备的图形成对照。为了让学生有更多的体验机会,高老师继续在板块分布图上做文章,把这节课的学生座位按照世界六大板块的轮廓重新编排,学生坐在板块中学习,不仅对板块留下了深刻的印象,还有助于培养学生乐学善思的习惯。本以为这样的设计很成功,但第二次试教后,高老师发现,课堂只是片面地追求有趣,但缺乏目标意识,不能有效满足不同学生的学习需求。

2. 从"有趣"到"有效"

教学活动要为教学目标服务,学生有个体差异,就要考虑运用个性化的方法。高老师有了改进的方向,他再次调整教学设计。根据知识难度与学情对教学目标进行细分,拆分出针对一般学生的同步教学目标与针对基础较好学生的个别化教学目标。同时,根据地理板块不同位置问题的难易程度来安排学生的座位。例如,亚欧板块与印度洋板块交界处需要得出喜马拉雅山的成因,这有一定的难度,由此在对应位置安排了相对基础较好的学生,以确保分层教学目标的实现。教学实施后,高老师发现,通过分层使学生差异得到了关注,更多学生在课堂中得到锻炼与提高,教学变得更加有效。在课后教学反思中,他有了更深层次的思考:这节课可以培养什么样的思维能力? 如何有效培养学生的核心素养?

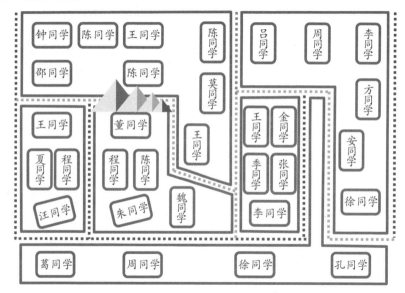

图 1-6 "板块分布"座位图

3. 从"有效"到"有用"

教不只是知识灌输,学也不应是被动接受,学生发展的需求得到充分满足才是教育的重要使命。"板块构造学说的发展"理论性较强,却是引导学生开展批判质疑的良好素材。受此启发,高老师对学习环节再次进行优化,尝试运用思维训练的"六项思维帽"的方法,让不同板块小组用不同的思维方式回答特定问题,深刻理解学说的主要内容并进行客观评价。高效完成板块构造学说发展的学习后,高老师带领学生归纳科学发展的"继承—批判—发展"的一般历程,鼓励学生要坚持不懈地追求人生理想。

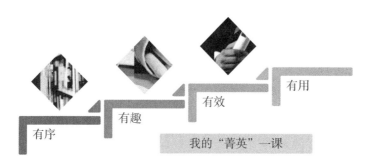

图 1-7 "菁英"一课演变

【工具百宝箱】

表 1-1 听课活动记录示例

教学活动						观点与思考		
内容	形式	时间	教师行为	辅助媒体	活动效果	亮点	问题	建议

表 1-2 学生活动记录示例

学生活动					观点与思考	
活动	形式	目的	时间	效果	肯定之处	改进建议

主题三　学会有效沟通

学会与学生沟通是教师的重要专业技能。教育教学究其本质而言，是教与学双方的沟通交流。从这个意义上来说，师生和谐交流是提高教育教学质量的重要前提。教师如果具备较强的与学生沟通交往的能力，必然会为其教学效益的提高创造重要条件。然而，与学生沟通交流并非易事，需要对学生进行深入分析，把握学生的个性特点，才能逐步提高这方面的能力。

如何成为协同育人高手

【情境描述】

瑶瑶是一名初二的学生，喜爱运动，是学校女子足球队的队长。这届女子足球队在她的带领下，频频取得佳绩。瑶瑶感到很自豪，也因此花更多的时间用于足球训练。但是训练多了，也影响了做主课作业的时间，语文成绩有所下滑。今天，原本瑶瑶和体育老师相约，要利用放学后的课余时间加练拓展。而此时，班主任却来通知她，她的妈妈来电，不同意她课后参加足球队的拓展训练，并且已为她约好了课外语文老师为她补课。如果你是瑶瑶的体育老师，知道了这个情况，你会怎么办？

【释疑明理】

体育老师遇到的这一情况，是典型的家长反对孩子参加课外活动的问题干预。这应当引起我们对学科育人背景下,如何有效开展家校沟通以及师生交流的深入思考。此类问题的处理往往比较复杂,涉及学生心理诉求、家长心理诉求以及家校共育等问题。教师是学生成长的陪伴者,应通过跟学生的交流,了解真实的原因,帮助学生找到问题的源头。然后巧用智慧,沟通化解分歧,将学科育人工作渗透于日常的学生问题处理以及跟家长的交流沟通中。相信经过耐心、细致的沟通交流,定能获得家长的理解和支持。同时,作为教师要学会利用各类资源营造良好的家校协同共育氛围,树立正确的学生观。

 【迷津指点】

1. 智慧沟通,找到问题源头

教师可以先找瑶瑶同学好好聊一聊,具体了解她学业成绩下降的原因:是因为遇到了学业方面的障碍,还是因为足球队的训练影响了正常的学习生活?如果确实因为足球队训练影响了学习成绩,教师应从引导瑶瑶学会时间管理的角度出发,指导瑶瑶合理分配足球训练及文化课学习的时间,做到学习、训练两不误。如果是学习态度、学习习惯等方面的原因,则可以找语文老师具体了解瑶瑶的学习情况,对她的课堂表现、作业完成情况等进行专业的综合分析,看看到底是哪个方面出了问题。然后,与瑶瑶进行细致的沟通,并制定出个性化的提升方案。

2. 事后复盘,提出成长建议

如果断然以扼杀兴趣为代价,可能会适得其反,使瑶瑶对语文学科产生抵触情绪。教师不妨以她最感兴趣的足球为契机,在兴趣和学习之间建立某种联系,更好地激发她对语文学科学习的兴趣。告诉家长和学生,应从语文学科的特点出发,进行有针对性的提升。语文学习是一个循序渐进、日积月累的过程,需要长期积淀,在不断的领悟中寻求提升和发展,而不是靠机械的补课就能达到立竿见影的效果。语文的学习也不仅仅在课堂和完成作业,而是在生活的方方面面。与此同时,教师可以从学生职业生涯规划方面提出成长建议。教师可以通过专业方法对瑶瑶进行测试,看看她是否有职业运动员的潜质。然后,根据测试结果为学生和家长对未来职业发展做出判断提供参考,是把足球作为兴趣爱好还是一项职业技能。如果瑶瑶具备职业球员的潜质,可以向瑶瑶妈妈提出建议,让她向体育特长生方向发展或许也是一个不错的职业规划。这样,家长对这个问题处理的角度就会截然不同。

3. 学科育人,磨炼意志品质

作为体育学科教师,可以借足球训练这个机会,鼓励瑶瑶将足球训练中坚持、拼搏的精神品质迁移到学习中。面对当前的困难,设定好学习目标,有端正的学习态度、良好的学习习惯和科学合理的时间分配,然后一步一步达成。抓住契机,激励学生克服学习困难、磨炼意志品质,耐心和家长说明参加体育运动对孩子身心健康的好处。体育运动能更好地激发学生的学习热情,增强学生的学习专注力,锻炼学习意志力,改善情绪,缓解焦虑,促进良好人际关系的发展。有体育爱好和特长的孩子,往往心理素质都比较好,人际交往能力也较强,有团结合作和竞争意识。这些都是关乎学生能否适应未来社会的核心素养,关乎学生未来的发展和幸福。

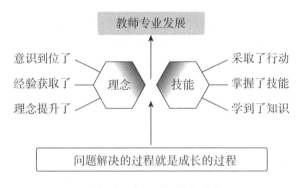

图 1-8 在问题解决中成长

获得家长信任的真功夫

 【情境描述】

本学期学校安排小庞老师担任班主任工作,接受任务后,他仔细查看了班级每位学生的材料,冒着酷暑,进行了家访。为便于联系还建立了家长微信群。然而,令他没想到的是,一些家长在微信群里公开质疑他的教育教学能力。

家长 A:班主任老师似乎刚工作两年,教育经验明显不足。

家长 B：哎，这么年轻的老师做班主任，不知能否管住孩子。在这样一个班级中，真是让人不放心。

家长 C：不知学校能否允许我们调换班级？

……

家长的质疑让小庞老师的工作热情备受打击。

【释疑明理】

家长的质疑是小庞始料未及的，也在一定程度上挫伤了他的工作热情，使他在职业初期遇到了较大的挑战。毕竟家长更看重的是教师的教育经验，家长的质疑和不信任与其说是压力，倒不如说是增强自己专业成长的动力，其中的关键就在于通过自己的努力，不断提升家长的信任感和安全感。需要强调的是，家长对职初教师的疑惑往往是出于表面直观的判断，教师完全没有必要为此而动摇追求专业发展的信念。引导学生全面健康发展的过程，也是职初教师专业水平不断提升的过程。

【迷津指点】

1. 精心准备每一次家长会

通过家长会，教师要非常自信地把自己管理班级的目标、促进每位学生发展的思考和举措与家长沟通。教师还应虚心求教有经验的同事，认真设定班集体建设目标及相关措施。这些目标应包括学生德智体美劳各方面发展的要求，尤其是在学生素质全面提高和个性特长发展方面要有切实具体的举措。同时，可以利用家长会的机会，诚恳地听取家长对自己带班的意见和建议。这样，可以有效地拉近教师和家长的距离，也表明教师在给家长传递安全感，让家长真切地感受到教师对工作执着认真的态度，从而增强对教师的信任感。

2. 以促进学生全面发展为出发点规划落实班级工作

教师应着力培养学生的自我管理能力，把对学生学习内驱力的激发放在班级管理的重要位置。职初教师进入教育工作岗位，经常会自觉或不自觉地围绕抓学生学习成绩来开展相关工作，这样做容易陷入就事论事、工作简单的模式，且容易引发家校或师生矛盾。教师不能把学习成绩提高作为班级管理的唯一目标,而要从如何促进学生的全面发展来规划落实班级工作。其中,增强学生自我管理能力、激发学生学习内驱力是重要抓手。有了这些方面的提高,学生的发展和学习成绩的提高才有保障。例如,由班委主持每天的自修课,由学生根据要求自行组建合作学习小组、自行策划主题教育等。这些举措表面看来与学生的学习没有直接关联,其实恰恰是促进学生学习的重要手段。学生如果在这些方面产生了变化,也一定会以外显的方式让家长感受到。

3. 做学生成长发展的有心人

职初教师在学习教育教学规范、确立教育理念、选择教育教学手段等方面都有很多工作要做。教师在完成相关工作任务的过程中,关键还要善于观察学生的变化,认真思考自己工作的成效,对自己所采取的教育教学方法和策略所产生的效应进行即时评估。例如,培养学生的预习、复习习惯,教师提出要求后,有些学生可能坚持不了多久,有的学生即使这样做了,但由于学习方法不科学仍未能收到理想的效果。针对这样的情况,教师就要考虑调整策略和方法。又如,培养学生的自我管理能力,教师除了为学生创设相应的载体外,还需要给予具体指导。学生的自主管理能力不会自然形成,教师要引导学生从基本做起、从规范做起,对学生自主管理的过程给予全面关注,并不断思索如何产生更高的教育效益。有了这种细致观察和具体指导的意识,教师作为学生发展的组织者、合作者和引导者的效应就可以得到最大限度的发挥。

尴尬问题巧交流

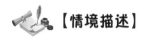【情境描述】

小华是幼儿园的一名青年教师,刚工作第一年的她对日常教育教学和家长工作都充满着热情,但一次和孩子奶奶的简单沟通却让她备受挫折。在一个平常的周五放学,小华见到熠熠奶奶便严肃地告知她孩子在幼儿园的情况:"熠熠奶奶,小

朋友上课不是很认真,中午吃饭也不动手只等着老师喂,奶奶在家要让小朋友自己吃!"没想到熠熠奶奶的反应强烈,对老师说道:"老师你不要瞎说,阿拉图图在家表现很好的。上课、读书的事情不要和我说,找她爸爸妈妈去,我又不懂的,帮他们带孩子带得累死了!"在小华瞠目结舌之时,奶奶拉着孩子就走了。熠熠奶奶的态度和话语让工作第一年的小华感到既委屈又疑惑,这件事也困扰了她许久。

【释疑明理】

家长的回应和反馈是小华始料未及的,在她看来没想到如此认真负责地和家长沟通小朋友的情况会是这样的结果。当下,绝大部分家庭都会有祖辈参与到幼儿教养的过程,在家长群体中祖辈家长已经成为不可忽略的一部分。在祖辈带娃比例居高不下的社会环境下,教师应该思考:祖辈家长对于幼儿的关注点和父母有何不同? 我们该怎样做好祖辈的家长工作? 面对不同类型的家长是否有一些对话的"小技巧"? 作为职初教师,可以做到以下几方面。

【迷津指点】

1. 沟通内容的选择

《3—6 岁儿童学习与发展指南》中指出:幼儿需要成人的精心呵护和照顾,在园教师要全方位地关心和关注每一个幼儿的发展情况。教师在和祖辈家长沟通时,除了笼统地说"还可以、有进步"之外,可以将沟通的内容具体到对孩子身体、行为或是生活细节的关注上。例如:"小明今天有点咳嗽,我让他多喝水了,请您晚上回去多留意。"(身体细节的关注);"小冰今天学会自己叠衣服了,回家也可以让他试试自己的事情自己做哦!"(行为细节的关注);"悠悠今天出汗量大,怕孩子吹风着凉放学时给她垫了汗巾,家长也多加注意哦!"(生活细节的关注)。这样的沟通方式或许可以让家长更放心一些。

2. 沟通方式的表达

说话的艺术也是沟通中不可或缺的重要技巧。教师可以试试"三明治式"的表达方式——先优点,后问题,再说改进方向。"三明治式"表达,第一层总是认同、赏识、肯定、关爱对方的优点或积极面;中间这一层夹着建议、批评或不同观点;第三层总是鼓励、希望、信任、支持和帮助,使之后味无穷。这种沟通方法,不仅不会挫伤受批评者的自尊心和积极性,而且还会让他们积极地接受批评并改正自己的不足之处。

3. 沟通态度上的改变

祖辈家长年纪大,眼睛、耳朵都不好,因此职初教师在来园、离园问候小朋友的同时可以大声和老人打招呼,用更为礼貌和亲切的态度与他们沟通,这样可以缩短和祖辈家长间的距离。在克服交流的胆怯心理后再尝试走近祖辈家长的内心,也许会让他们有更高的接受度。立德树人是教育的根本任务,但不只是学校教育的任务,而是学校、家庭和社会的共同任务。学校是实施立德树人的主渠道,而家庭也在立德树人中起到奠基作用,并且要让父母主导、祖辈适度参与,这样才能构建理想的家庭教养环境。

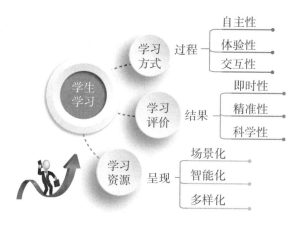

图 1-9 学生学习

走进学生心灵的沟通小妙招

【情境描述】

小陆老师刚接班主任没多久就遇到了棘手事件。班里的小张平时行为散漫,不受约束,有一周甚至连续与三位老师发生冲突。

第一次冲突:小张上课睡觉,被老师叫起后不但没意识到自己行为的不妥,反而在课堂上指责老师上课无聊导致班级成绩糟糕。

第二次冲突:小张早锻炼时动作敷衍无力,执勤老师想对她进行教育指导,她却反问老师为什么只针对她。

第三次冲突:小张体育课前与同学打闹,开玩笑说了句脏话。体育老师听到后制止了她,她却向老师比了个不雅的手势。

事后,三位老师都找到了班主任小陆。这位年轻的班主任既害怕自己工作失职,又担心这位频频"惹麻烦"的小张同学"变本加厉",处于情绪失控的边缘。

 【释疑明理】

小张同学的表现对新班主任来说的确具有挑战。在初中生中,不乏这样表面看来言行大胆、不服管教的学生。面对接连与老师发生冲突的小张,陆老师的第一反应是害怕和恐惧,而害怕和恐惧又往往表现为生气和指责,这其实也是大部分教师面对此类情况的本能反应。但一旦教师未控制住自己的情绪,直接对"犯错"学生进行一番批评说教,就可能会很可惜地错过一个真正了解学生行为背后的原因,进而促进学生发生转变的机会。相反,如果教师能够管理自己的情绪,通过一系列沟通技巧打开、走进学生的心门,找到不良行为这个"果"背后复杂的"因",师生关系就会从对抗变成和谐,学生的成长也才可能更快发生。

 【迷津指点】

1. 觉察情绪,描述观察

当教师遇到学生的不良行为时,往往自己的负面情绪也会被激起。当教师带着强烈的情绪与学生沟通,结果常常是教师发泄了情绪,而学生的问题并没有得到有效解决。教师与学生的不同之处便在于教师更成熟、更理性,也更具备情绪管理的能力。对教师来说,管理情绪的第一步是觉察自己的情绪。比如,案例中的陆老师首先察觉到自己很生气,进而发现生气的原因是害怕自己的本职工作没做好。觉察到自己的情绪后,大脑就会慢慢冷静、清醒,此时才能正确思考自己想要通过这次与学生的沟通解决什么问题、达成什么成效,以及具体如何说、如何做才能达成目标。

与学生沟通时，教师很容易先进行一番输出，这样很可能会错过理解学生想法的机会。沟通时重要的是能让学生开口。而如何让学生打开心门，说出自己如此行事的原因，教师可以尝试从描述学生的表现开始。在此案例中，陆老师观察到学生虽然表面很横，但每次与老师发生冲突后自己都会哭，陆老师便描述了这个观察。当学生发现老师能够关注到自己的状态时，对老师的信任感会加强，也更容易打开自己的心门。

2. 滞后评价，分析动因

任何行为背后都有相应的心理成因，教师在处理学生的问题行为时往往会关注行为本身，并较轻易地针对问题行为进行批评。案例中的小张，上课睡觉、指责教师、行为粗鲁，此类不良行为过于突出，教师在处理时很自然地会认为学生的表现糟糕，希望此类行为从此销声匿迹，会快速地向学生说教。但是，这些行为之所以会发生，其背后的原因是什么？只有弄清楚引起问题行为的原因，才能从根本上减少它们发生的频率。而要想知道这些原因，一是需要学生自己来叙述，二是需要联系学生的原生家庭情况。当学生能够开口向教师讲述自己究竟为何会这么做时，教师才能突破表面的行为呈现去理解学生内在的因由。想要让学生开口，很重要的一点是教师不能急着对学生的行为和叙述进行评价，尤其是负面评价。因为学生在面对负面评价时往往会有自我保护的应激心理，原本敞开的心扉很容易因此而重新关上。

此外，一个频频在校出现问题行为的学生背后大概率会有一个有问题的家庭，教师如果能联想到学生特殊的家庭情况，不仅会对学生多一份共情与理解，也能考虑通过家校协作来解决学生的问题。

3. 用心分享，引起共鸣

当学生不认为自己的某种表现有失妥当时，教师面对这样的"倔强"常常会觉得手足无措，或者试图用讲大道理的方式来让学生发生认知改变。问题出在学生会觉得教师这么做并不是真的关心自己、理解自己，因而很难真的有发自内心的转变。此时，如果教师能够用平等的方式分享自己类似的人生经验，让学生感受到教师并不是高高在上地教导自己，而是以一个更有经验的朋友的身份和自己站在同一条战线，这份真诚的温度更能让学生感受到被关爱、被理解，进而会反省自己的做法,改变认知,以至改善自己之后的行为表现。

【工具百宝箱】

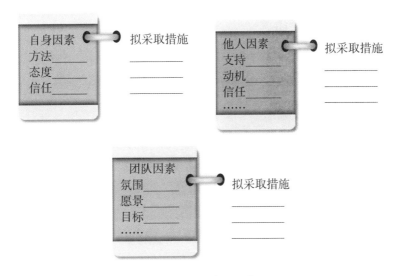

图 1-10　自我审视卡

主题四　规范职业行为

　　教师职业的重要价值在于为每个人的人生幸福奠基,教师职业的崇高使命意味着对教师的职业道德有更高的要求。换句话说,没有师德的修炼就不可能成为一名优秀教师。对职初教师而言,师德修养的提高不能只是一句口号,而须从规范职业行为做起。以规范的职业行为约束自己,才能不断提高师德修养的自觉性。

精心设计的课变得支离破碎

【情境描述】

　　小刘是一名数学教师,他常有这样的困惑,自己很认真地研究教材,用心备课,但到课堂实践时,完全达不到他的预设。一节自认为设计得很好的课,常常变得支离破碎。学生总是答非所问,与他的预期差异很大。他很困惑:我的问题在哪里? 我该怎么办?

【释疑明理】

　　职初教师遇到这样的问题,往往会感到焦虑,觉得这种情况影响了正常的教学进度,打乱了预设的教学程序,使自己无法按时完成教学任务。面对这样的问题,教师应对教学设计多问几个"是什么"。例如:教学设计是否充分依据学情分析? 是否充分考虑学生的认知起点? 做了哪些认知起点的分析? 哪些方面体现了核心素养培养的要求? 是否真正做到了课前备教材、备学生、备教法及备学法？……之所以强调教师要对教学设计多问几个"是什么"，是因为把这些看似常规的行为"问题化"，思考和解决问题的过程便是教师行为改进的过程。

【迷津指点】

1. 备教材

美国教育心理学家舒尔曼指出，教师怎样理解学科知识对教学十分重要。作为职初教师，备课前通览全册教材是关键环节。仔细阅读教材目录，了解每个章节和单元的内容；注意章节之间的逻辑关系和顺序，不同章节与单元之间的系统性和关联性；了解核心概念和知识点，对某些知识点在之前的学习和后续学习中的作用有所认识，把握有效激发学生主动参与、积极思维的切入点，设计学科教学活动，进而确定本节课的教学目标。学生对教师"抛出"的问题没什么反应，除了可能有部分学生不愿参与课堂教学外，还有一个重要原因是教师未能提供或找准能够激发学生思维的切入点，学生无法对教师提出的问题产生自己的认识。

2. 备学生的认知起点

知识的学习需要循序渐进，课堂教学也需要遵循这一规律。本节课的知识与学生之前学习过的知识存在的相关联系，需要引起教师的高度关注。例如，学生的已有经验是哪些，学生的学习情感如何，本节课的知识与之前学习过的知识之间存在着哪些联系、需要做哪些铺垫，等等。如果学生之前对与本节课的内容相关的一些知识掌握得并不牢固，则有可能影响本节课的教学，因此有时需要对与本节课相关的知识进行复习。

3. 备学法

教学内容和教学方法确定了，对学生的认知起点有了一定的了解与分析，接下去重要的一环是要根据教学内容、目标和学生需求，明确每节课的教学方法和学习活动，确保学生知识的掌握和技能发展。明确采取什么策略、用什么方法效果会更好。这个过程就是备学法。教学不仅是传授知识的过程，更是培养学生学习能力的过程，促进学生学会提问、思考、解决问题、同伴合作以及批判性思维等能力的发展。陶行知先生曾说："好的先生不是教书，不是教学生，乃是教学生学。"备好学法至关重要，教师应充分尊重学生差异，给予灵活多样的指导，如点拨、示范、讲解等。

一份"特殊"的家长祝福

【情境描述】

又到了一年一度的教师节,小张老师收到很多来自同学、朋友及家长的节日祝福,洋溢在一片幸福之中。这天中午张老师收到一份快递,打开一看,是班级A同学的家长寄来的,里面除了一张贺卡之外,还有一份令人尴尬的"家长礼物",这让他顿时感觉不是滋味。

【释疑明理】

家长的目的很明确,用心良苦,心情可以理解,但是家长的这种做法也确实给教师出了一道难题。教书育人是教师的本职工作,收受家长的礼物则是违反教师职业道德的行为。教师遇到家长送礼的情况都会非常尴尬,也会产生较大的心理负担,但这些问题总要解决。这就需要教师既坚持原则不违规,又要动脑筋想办法,采取婉转的方式,因势利导,用真诚的交流寻求与家长间的互相理解、互相支持,营造家校互动的良好氛围。如何破解这道难题,消除尴尬,不妨从以下几方面做些尝试。

【迷津指点】

1. 耐心和家长讲道理,以恰当方式奉还

遇到家长送礼时,要耐心地和家长讲道理,让家长明白,公正平等地对待每位学生是教师应遵守的职业道德规范,且收受家长礼品礼金是违反教师职业道德的行为。2014年教育部下发《严禁教师违规收受学生及家长礼品礼金等行为的规定》,设立了6条"红线",其中包括"严禁以任何方式索要或接受学生及家长赠送的礼品礼金、有价证券和支付凭证等财物"。对于这类现象,有多种处理方法。可以交给校长,和校长说明情况,由校长出面还给家长。可以在近期内对这位学生进行一次家访,就孩子学习的情况及其他方面的发展和家长进行一次全面深入的沟通交流,且将家长所送的礼物奉还。也可以约请家长到学校面对面沟通,表达这样几层含义:其一,奉还家长礼物;其二,和家长说明教师的职业特点和教师应遵循的师德规范;其三,让家长放心,教师对每一位学生都会全面关心,绝不会厚此薄彼。

2. 努力净化家校联系环境,加强与家长的沟通

可以利用家长会、家委会或微信群等方式,畅通和每位家长的沟通联系渠道,引导家长就孩子成长发展的问题,乃至对学校办学的意见建议与教师及时沟通。通过这样的方式,让家长充分感受到与学校教师的沟通是一件很自然的事情。与此同时,也让家长进一步理解,教师对所有学生都是一视同仁的。此外,教师还可通过与家长沟通的契机或通过家委会的名义发出倡议,希望每位家长都为净化家校联系的环境做出努力,也让家长认识到与学校教师保持良好的沟通互动就是对教师工作最大的支持。

3. 引导学生树立正确的人际交往理念

对学生开展如何建立良好人际关系的教育,可以创设一些相关情境,如针对社会上人情往来互送财物的现象,或就同学之间偶尔也出现的为达到目的而送礼物的情况进行讨论,引导学生树立正确的人际交往理念:不能单纯以馈赠财物来建立友情,应当以共同的目标追求来凝聚彼此合作的友谊。这样做不仅可以使学生受到教育,也可以促进学生把这些理念传达给家长,让家长进一步思考如何与学校教师建立起良好的家校联系。

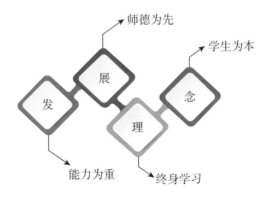

图 1-11 中小学教师专业发展理念

家长的质疑让我很受伤

【情境描述】

　　小朱同学很聪明，但学习习惯很差，非常调皮，上课经常迟到，被班主任周老师批评了很多次，但都收效甚微。某天上课他又迟到了……周老师一气之下对小朱说："你每次做保证，光是口头上说，行动上从来不改，你去教室后面站着听吧，别耽误其他人上课。"结果第二天学生家长就到学校来质疑周老师体罚学生，周老师顿时感到一肚子的委屈……

【释疑明理】

　　家长的质疑并没有错，是有道理的，让学生站着上课确实是一种体罚。这次事件对职初教师来说，确实是一次"受伤"，而且伤得还不算轻。这次受伤不仅是因为家长的反感所致，而是在职初教师的潜意识里确实"有伤需要治疗"。对学生的一次变相体罚看似是小事，教师甚至还可能认为这是正常的教育手段，殊不知这背后涉及师德规范、教育理念以及促进学生全面发展的策略和方法。从这个意义上说，对这次受伤的全面"治疗"并防止再受伤是非常必要的。体罚不仅违反教育伦理和道德原则，还可能对学生的身心健康产生负面影响。教师应采取积极的建设性的方法，以促进学生健康成长和发展。

【迷津指点】

　　1. 真诚道歉，取得谅解

　　应当认识到，确实是教师自身的教育方式出了问题，这种行为是师德规范所不容许的。为此，教师应通过适当的方式主动上门，真诚地向学生和家长道歉，取得他们的谅解。同时，认真学习教师职业道德规范，纠正对体罚行为的狭隘理解。在《中小学教师职业道德规范（2008 年修订）》中的第三条就指出"关爱学生。关心爱护全体学生，尊重学生人格，平等公正对待学生。对学生严慈相济，做学生的良师益友。保护学生安全，关心学生健康，维护学生权益。不讽刺、挖苦、歧视学生，不体罚或变相体罚学生。"其实体罚不仅仅是指对学生采取动手的行为，对学生的其他一些不正当的处罚措施，如罚站、罚抄作业等都是一种变相体罚。

2. 加强班级班风建设

教师要积极调动班级学生学习的主动性和积极性，努力营造班级同学互帮互助、共学共进的氛围，树立健康向上的班风。把对学生的信任、尊重、理解贯穿于班级的教育活动中，让表现较好的学生来帮助屡教不改的同学，帮助他们消除品德和学习等方面的不良习惯。例如，可以发动班级学生自主制定班级管理公约，通过这种方式，不断增强学生自主管理的意识和能力。学生具有较强的自主学习和自我管理能力，班级面貌定会焕然一新，教师就能真正成为学生成长的引导者和促进者，而不是整天盯着学生苦口婆心的说教者。

3. 强化学生的自我管理能力

在日常教育教学实践中，要着力培养和强化学生的自主学习与自我管理能力。教师可以根据自己在工作实践中的观察和搜集的素材，创造各种情境或载体，让学生学会自我认识和自我管理。首先，以自己的既往和现实相比，有哪些进步和变化，和班级同学相比，自己的长处和不足是什么；其次，通过项目研究或合作学习等方式，要求学生根据相关要求自主发现问题并探索解决问题的方法，培养自主学习的能力；最后，通过班级活动和社会实践等方式，要求学生自主制定活动目标和计划，落实具体分工，并对各自的工作进行自我评价，通过多途径、多层面的活动，潜移默化地帮助学生改掉不良的学习习惯。

4. 强化家校共育

对有不良学习习惯、自律较差的学生，教师应给予更多的关心。例如，增加家访次数，让学生感受到老师和家长在时刻关注他的变化。教师要与家长一起做好学生的转化工作，不能因学生的屡教不改而歧视他、冷落他，要给予学生更多的关爱，循循善诱地激励学生、感化学生。

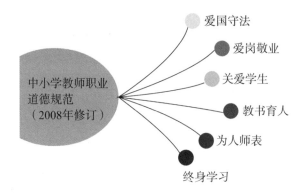

图 1－12　中小学教师职业道德规范

补课的"意外"让我感到很苦恼

【情境描述】

　　班级里有几名学生的成绩总是上不去,有一天,这几名学生的家长找到朱老师,希望能为这几名学生加强辅导。于是朱老师经常利用放学后的时间,把这几名学生留下来进行辅导。一段时间后,取得了比较明显的效果。家长很高兴,觉得朱老师很尽职,也很辛苦,要给朱老师补课的费用以表谢意。家长的这种行为让朱老师感到很苦恼。

【释疑明理】

　　这件事确实给朱老师带来了困扰,也使朱老师处于很为难的境地。从家长的角度来说,老师付出了劳动,给予报酬表示感谢是情理之中。但作为教师来说,问题就不那么简单了。课外补课是学校教育中常见的教育环节,其中既有师德规范要求,也有教师如何促进学生学习进步的理念和策略问题。这是彰显教师的职业精神和教育智慧的关键。教师如何处理这件事,建议可以从以下几方面着手。

【迷津指点】

1. 从学习师德规范做起

教师的职责是为学生提供优质的教育和指导,教师应保持专业和客观的态度,对待学生和家长应公平公正。2015 年教育部印发了《严禁中小学校和在职中小学教师有偿补课的规定》的通知,其中明确规定"严禁中小学校组织、要求学生参加有偿补课""严禁在职中小学教师组织、推荐和诱导学生参加校内外有偿补课"等。教师的职业规范要求教师不能进行有偿补课。朱老师是应家长的再三请求,也是出于教师的责任心给这几名学生补课,然而一旦接受了家长的财物,性质就变了。无偿和有偿的区别就在这里。此外,还要牢固树立一个观念,即帮助学习困难的学生是每位教师的本职工作和应尽义务,这是由教师的职业特点所决定的。教师应鼓励学生通过努力学习来获得认可。

2. 坚决不可收取补课费用

遇到这样的情况,教师要耐心地和家长沟通交流,帮助家长形成一种认识:教师对学生进行辅导是不可以收取任何费用的。同时,让家长意识到,帮助学习困难的学生取得进步是教师的本职工作和责任,也是教师应遵守的职业道德规范。此外,助力学生成长成才需要家长、学校的共同努力,而不是单方面地依靠教师补课,家长也应在家庭教育环境的创设、督促孩子养成良好的学习习惯、多关心孩子学习等方面多做努力和尝试。如果家长想要表达感激之情,可以选择写一封感谢信或者参与学校组织的志愿者活动等其他方式,建立更健康、公正的教育环境。

3. 让学习困难的学生能够有效学习

为学习困难的学生额外安排时间进行辅导是必要的,这也是教师教育教学的环节之一。但教师还必须清醒地看到,课后增加时间进行辅导并非唯一手段,如何让学习困难的学生能够有效学习是需要费工夫去研究的。作为教师,尤其是职初教师,除了花时间掌握教学规范和研究教材之外,还要对学生的学习习惯、学习方式、学习过程等进行仔细观察,同时要综合考察学生的家庭环境以及影响学生学习的非智力因素。

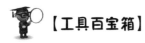【工具百宝箱】

表1-3 教师专业发展行动计划制订工具

行动计划表				
目标 (指向哪些现状问题的解决,必须具体、明确,可检测、可量化)	所需知识和技能 (结合现状问题和发展目标,梳理自身需要扩充哪些知识、提高哪些技能等)	行动举措 (依据拟解决的突破点,准备用什么策略、方法等,核心举措是什么)	标志性成果 (对照发展目标,拟用哪些证据反映目标达成度,可列出预期结果名称,如课题立项、论文发表、教学展示等)	时间安排 (计划在哪个时间段、多长时间内实施)

模块二

从合格到胜任

——入职 2 至 3 年的技能探求

入职 2 至 3 年的职初教师逐渐褪去了见习期的青涩，随着工作流程的熟悉，开始由跟学模仿逐渐转向尝试独立，也不同程度地表现出"小试牛刀""初生牛犊不怕虎"的干劲，迫切希望能展现风采，崭露头角。然而，由于教学实践经验不足、教育智慧相对缺乏等因素的影响，他们在遇到困难和挑战时容易产生思想变化和情绪波动，产生专业发展上的茫然，甚至对职业选择初衷产生怀疑。处于这一阶段的职初教师应当增强职业认同，在实践经验积累的基础上能对问题或现象做出理性思考，提高自我效能感，坚定站好三尺讲台的信心。

主题一　增强职业认同

> 职业认同是在职业认识基础上更高层次的职业认知,也是个人有志于从事该职业的重要标志。职初教师在职业认知和体验的过程中不免遇到各种困难和挑战,如果没有坚定的职业认同,就会产生动摇乃至退缩。因而,职初教师在实践中必须不断强化对教师职业的认同,充分认识教师职业的价值所在,这样才能在坚持不懈地战胜困难、应对挑战的过程中体会职业的成就感。

在不起眼的工作里找到乐趣

【情境描述】

小张是一名参加工作三年的职初教师,一天早上,他情绪低落,绷着脸走进办公室,同事们都惊愕地看着他。于是有了下面一段对话:

小张的师父:小张,怎么啦? 今天好像有点情绪?

小张:哎,没什么,就是感觉对工作没啥激情,没干劲。

小张的师父:怎么会有这种想法? 是不是觉得工作压力大?

小张:我感觉教师工作就是简单的重复,枯燥、烦琐,感觉非常单调。

小张的师父:教师是一项育人的工作……(小张的师父耐心地对他进行了劝导)

【释疑明理】

职初教师还没有积累起丰富的教学经验,在教学中经历的挫折以及产生的困惑相对较多。在每天重复的教学工作中,有时候容易产生一种懈怠和放松,故步自封,停滞不前。当自己的努力没有得到相应的结果,或者说难以获得更多更好的成果时,往往会产生"教师工作枯燥乏味"的感觉。然而,教师的专业成长最关键的是自我内心的深度觉醒。选择了做教师,就应当把教师当作事业来看,而不仅仅是一种职业。在这样的理念指引下,教师就会意识到日常琐碎平凡的工作都蕴含育人的非凡意义,都与国家的前途命运紧密关联。教师应当不断提高自身的职业兴趣和职业认同,不断增强自身的进取心、责任心和爱心,这样才能消除"教师工作枯燥乏味"的感觉,以研究者的姿态面对教学。

 【迷津指点】

1. 从工作中发现教育的价值

教师产生这种情绪并不可怕,问题是产生这种厌倦和失望的情绪时,需要冷静理智地重新认识教师的职业特点,对教师职业的价值做出正确的判断。如果仅把教师当作一项谋生的职业,那么当自己的忙碌得不到应有的报酬和荣誉时,就很容易产生职业倦怠感,失去工作的价值感,缺少追求发展的动力。而当把教师职业视为自身生命价值体现的事业时,就会在平凡的工作中不断充实自我,不断激发自身的内驱力,进而实现教育的价值和意义。教师必须深刻地认识到,自身的职业关乎人的成长,是为了学生的终身幸福。教师必须从"工作状态"进入到"事业状态",从"确定教师角色"转变为"认同教师角色"。

2. 在学生成长中体会教育的幸福

当情绪低落时,教师不妨看看学生和家长对自己的认可,不妨看看同事和领导对自己的评价,从他们的评价和认可中体会教育的乐趣。其实,教师在感到工作单调乏味时,也往往忽视了教育对象身上发生的点滴变化。教师不妨仔细观察教育对象,会发现,在自己的教育引导和帮助下,学生在学习习惯、学习能力、行为规范以及人际交往等方面其实已经有了变化,这时就会体验到工作带来的成就感。教育工作就是要不断去探索人的发展规律,探索教育产生实效的途径,这样就能在日复一日的看似枯燥乏味的教育教学活动中,体会教师职业的价值和独特魅力。此外,如果从纵向角度来比较自己入职以来思想观念和教育行为所发生的变化,同样会从同事和领导的认可中、从学生和家长的认可中体会到教育的乐趣。

3. 从自我发展中感受教育的乐趣

当自己的努力付出和工作价值得不到认可时,人往往会有一种失落感,久而久之会产生职业倦怠。因此,在工作中教师要主动地、巧妙地借助各种机会和平台展现自己的才能。例如,积极争取上公开课的机会,在教学研究中提高自身的教学能力,让更多同事认可自己的工作能力;积极参与学校组织的各项活动,在活动中展现自己的聪明才智,增强集体归属感;积极参与课题研究,提高自己的理论功底和专业素养。自身价值被认可是一个对职业认同建构很有影响力的因素,这种认同非常有助于自身潜能的发挥和职业的发展。

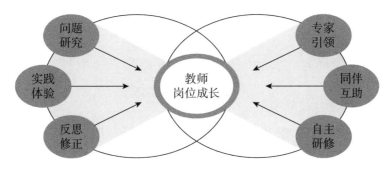

图 2-1 教师的岗位成长

从职业迷茫走向上进

 【情境描述】

职初教师小李这段时间牢骚满腹,原以为做教师只要一门心思上好课,做好教学研究即可,不曾料还有班务管理、批改作业等各种工作。他整天和学生"斗智斗勇",有时学生不听指令,和他"对着干";有时精心准备了教学设计,但总是被课堂发生的各种"突发事件"搞得焦头烂额。为此,他感到很无助,对教师职业产生了迷茫。

【释疑明理】

由于缺乏实践经验，职初教师在处理自己不擅长或未经历的事情时往往会显得力不从心，因不能有效处理而产生挫败感，不免会有抱怨情绪。当面对学生的调皮捣蛋、课堂失控等突发事件时，往往会出现无奈、委屈或难受的情绪，久而久之就会产生职业迷茫。当面对这份琐碎且繁忙的工作，教师的心理出现落差时，如何正确地进行职业定位，对职初教师来说非常重要。总体而言，教师要更多思考职业的价值，感受这份职业带来的美好，要在岗位上用心学习、获得创造与收获的满足。教师要调整好自己的心态，坚定信念，感受教师这份工作的幸福。

【迷津指点】

1. 拟订一份行动计划

职初教师由工作中的"新人"逐渐走向成熟教师的过程，一定是从无经验到有经验，从什么都不会到得心应手，从不知所措到坦然应对的成长过程。为让自己有"规划"地成长，科学制订一份行动计划至关重要，比如需要提升什么技能、完善哪些知识结构、学习时间怎么安排等。教师要围绕制定的职场小目标，为自己定好日计划、周计划、学期计划，并付诸行动。

表1　行动计划举例

学期计划	周计划	日计划
• 参加一次进修学习 • 阅读一本专著 • 上一节公开课 ……	• 与同事交流一个案例 • 开一次学生座谈会 • 写一篇教学反思 ……	• 听一节课 • 阅读一小时 • 写一篇工作日志 ……

2. 练就一双"慧眼"

教师要多观察周围同事的职业生活，把自己放在群体中来观照，把自己的思想观念、教育行为与身边的伙伴比较，从而更清醒地认识自我：自己在哪些方面与同事相比还有差距?产生差距的原因是什么?如何缩短这样的差距?当然,也要分析自己比同事做得好的方面及其原因。如果能经常进行这样的比较,既有助于明确个人发展的目标和方向,也有助于更深刻地认识教师职业的特点。例如,对于学生的"对着干"和课堂的"突发事件",多观察有经验的教师是怎么做的、为什么这么做、运用了哪些方法等。针对自己的困惑可以请教有经验的教师,或在教研活动中提出自己的想法,面对不同的回应进行思考和再实践,从而逐渐找到适合自己的方法。

3. 树立一个目标

学生发展是教育的出发点和归宿,教育的功能就是要帮助学生完善人格。教师工作是为祖国培育未来的希望和幸福,是为党育人、为国育才,是为民族未来而奠基的职业,具有崇高与神圣的社会价值。既然选择了做一名教师,就要忠诚于教育事业,担起教师的责任和义务,向自己设定的目标努力奋斗,爱岗敬业。拥有这份信念与信仰,教师就会感受到自己的职业价值,在不断思考中寻求自己的发展路径,并且能从这份职业中感受到快乐,产生幸福的体验。

本体性知识
任教学科相关的个体化的、与教育环境和学生需求相适应的专业知识

专业知识

条件性知识
与教学特定情境、环境和需求相关的知识,如信息技术应用、资源获取能力、心理学知识等

实践性知识
通过教育教学实践所获得的经验、感悟与思考,能够指导实际教学行为的知识

图2-2 教师的专业知识

做一名有规划的教师

【情境描述】

成为一名幼儿教师是小王一直以来的梦想,当她经过自己的努力终于踏上幼师的岗位时,小王却开始迷茫了:"幼儿园里有那么多不同类型的老师,有的老师专注于自己的带班工作,有的老师做了教研组长,有的老师最终成了人人爱戴的名师。多年后我会成为谁呢?"

【释疑明理】

每个人踏上工作岗位后,都会对自己将来的职业定位有新的规划。每位教师会有自己擅长或不擅长的领域,这也促使教师思考如何设计彰显自己风格的职业规划。做好职业规划对于教师职业生涯发展至关重要,它能够帮助教师进一步明确自己的职业目标和方向,并制定相应的行动步骤来实现这些目标,有针对性地开展专业学习,获得更多的满足感和成就感。与此同时,教师在实现自己的职业目标和梦想的过程中,会感到更有动力和热情,对教育事业更加投入,更加有激情。只要不忘初心,坚持努力,定会达成自己的职业理想,进而实现职业追求。

【迷津指点】

1. 强特色,了解自身特长及幼儿园特色

幼儿教师更像是全科教师,未必样样精通,但什么都要会一点。从幼儿学习活动的健康、语言、社会、科学和艺术五大领域来看,教师要设计职业规划,首先要对自己所在幼儿园的环境以及自我的特点有充分的了解。教师清楚地明白自己喜欢什么、擅长什么非常重要,只有从自己的潜能中发掘力量,才能更快达成预定的目标。合理利用幼儿园提供的平台和资源也非常重要,如某幼儿园以艺术类教育见长,那么该幼儿园的教师多半会擅长艺术类相关教育。对青年教师来说,无论是"拜师学艺",还是幼儿园可能提供的培训学习的机会,都会更有倾向性和专业性,教师可以从这个角度出发规划自己的职业生涯。

2. 定目标,确定与自己契合的工作目标

要知道自己将来可能会成为怎样的教师,应结合自己的能力和实际情况先定好目标。建议教师可以从"输出目标"和"能力目标"两个维度进行深入思考。"输出目标"是指未来可见的目标,如希望自己五年后成为教研组长或区级骨干教师。"能力目标"是指达成"输出目标"需要提升的专业素养,如教学能力、科研能力、学术能力。教师只有找准自己的定位,制定适合自己的目标,在两个目标相匹配的情况下,职业生涯的规划才算踏出稳健的第一步。

3. 拟规划,为自己拟订一份可预见的职业规划

有了符合自己个性与特色的发展目标及成长方向,教师接下来要思考如何执行。职业规划就是对工作目标制定的一系列有可行性的行动计划。计划的脉络必须清晰,要明确自己的目标、优势与劣势,以及当前面临的主要问题,然后设计有可操作性的实施办法,并且合理安排时间进度。当然,无论是为自己制定三年的短期职业规划,还是五年的中期职业规划,都将是一个动态的过程。教师的工作环境和教育大形势是在不断变化的,如同课题研究中的研究计划也会随着课题的开展而调整,聪明的教师会在不断努力中反思调整自我的职业规划。

图 2 - 3　教师专业发展成果检测

独立带班为什么问题那么多

【情境描述】

　　小吴是一名工作第二年的职初教师,她在独立带班的过程中,发现孩子们有时不受控制,一定要自己扯着嗓子大声喊才能安静下来;组织大活动时,她做好了准备,可是活动效果不尽如人意;参加教研活动时,对教研过程中教师讨论的问题往往听得云里雾里;面对家长的不信任,又感到很无措……小吴很失落,为什么实习时与独立带班后会那么不一样呢?

【释疑明理】

　　很多职初教师都会像小吴一样,经历实习期才正式走上教师岗位,真正地开始独立带班。在实习的过程中,努力认真,积极进取,迫切地希望自己能够成为一名光荣的教师。当真正开始带班时,会发现与实习时的差异和落差。独自面对各种情况,往往在不能胜任中产生失望、迷茫及挫败感,这是教师初入职场的普遍现象。职初教师要在带班的过程中尽快进入状态,承担起教师的责任和义务,向自己设定的目标勇敢前进。同时,还要虚心求教,在不断的思考中寻求自己的教育方式,这样有助于职初教师逐步适应,进而成为一名专业自觉的教师。

【迷津指点】

　　1. 角色转换,增强观念意识

　　对职初教师来说,首先要正确认识自己的角色,实习期间的身份是学生,在带班过程中要树立"我是一名教师"的意识。其次要了解不同工作阶段的差异。比如,实习是帮助我们了解教师的工作职责和性质,初步学习组织教育教学活动的方法,观察教师的一日工作过程,并培养从事教育教学工作的实际能力。带班就是教师能够独立带幼儿的一日活动,职初教师要有身担教书育人责任的心理建设。虽说在刚入职的阶段会出现各种各样的问题和困难,但这并不可怕,教师的意识强了,就会产生主观能动性,很多问题就能迎刃而解。

2. 树立目标，体现自我价值

在实习期间，新教师往往会表现出这样的优势：受过专业的理论知识及学识技能的训练，有较强的可塑性，富有朝气，对新鲜事物的适应性强。但真正进入教师这一行，不但要延续实习期的奋斗与努力，更要有责任意识，要为培养孩子担负起责任，要时刻为孩子的健康、全面发展考虑。同时，职初教师要有体现自我价值的意识，尝试给自己的发展设定目标，明确努力的方向，学会承担任务。带班一日环节、制作教玩具、常规的教案和教学反思、教学研讨与培训研修，只要不断积极主动地投入工作，有责任心地完成各项任务，就能在带班过程中感受到满足和幸福。

3. 好学好问，提升综合素质

职初教师在带班的过程中出现问题很正常，毕竟经验不够丰富，还在职业适应阶段。但职初教师要学会思考：在实习过程中带教导师是怎么做的？为什么这么做？自己的搭班同事在带班过程中运用了哪些方法？职初教师要学会反思，针对自己的困惑可以观察和请教一些有经验的教师，或者在业务学习和教研活动中提出自己的想法，在不同的声音中开拓思维，面对这些不同的回应进行思考和再实践，进而找到适合自己的方法。

 【工具百宝箱】

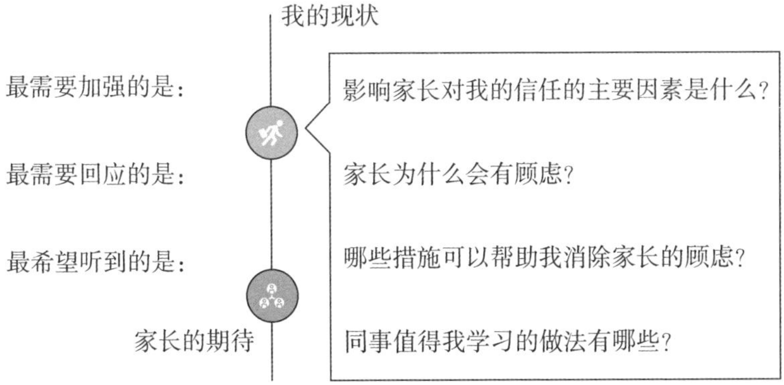

我的现状

最需要加强的是： | 影响家长对我的信任的主要因素是什么？

最需要回应的是： | 家长为什么会有顾虑？

最希望听到的是： | 哪些措施可以帮助我消除家长的顾虑？

家长的期待 | 同事值得我学习的做法有哪些？

图 2 - 4　自我导思卡

主题二　体验独立教学

由模仿教学走向独立教学,对已完成见习期规范化培训的职初教师而言,无疑是一次重大的挑战,在备课、上课、练习、作业、检测等多个教学环节都会遇到不少新的问题,产生新的困惑。然而,这一切对职初教师的专业成长来说,恰恰是不可多得的历练,更是一次专业成长的蜕变。唯有经过这一阶段的体验磨砺,职初教师才能在专业发展的征途上勇往直前,行稳致远。

教材分析如是说

【情境描述】

小刘是一名有四年教龄的数学老师,他用心备课,通过设计逐层递进的问题来引导学生对知识的理解和掌握,但实际效果不尽如人意。他百思不得其解,请教了带教师父。师父语重心长地和他说:"你首先应该认真做好教材分析,这是问题的关键。"小刘老师很是纳闷:自己每次备课难道不是教材分析吗? 到底该怎样做好教材分析?

【释疑明理】

教材分析是备好课、上好课的基础,也是教师专业水平的重要体现。教师对教材理解越深刻,分析越透彻,对教学内容的组织和处理就越到位,教学目标的确定就越准确。教材分析不是单纯的内容分析,也不是狭义地对教材内容进行解读,而是教师基于自身的理论积淀,站在学生发展的视角,从知识发展的历程、教学知识的背景或学科教学的核心追求等展开深入阐述,深刻地分析教学内容的地位和作用。职初教师应重视教材分析,不断提高教材分析的能力,即学科课程的价值是什么、教材是如何组织内容的、如何通过内容体现学科价值、课程内容的选取依据是什么、教材体现了什么教育理念,等等。

 【迷津指点】

1. 通读教材

教师应先通读所教学科的整册乃至整个学段的教材,对教材有总体认识,把握整套教材的设计思路和框架,了解教材的知识体系、结构特点以及各部分知识之间的内在逻辑关系。在通读的基础上,对所教的教材进行研究,了解它在整套教材结构中的地位,以及与其他知识之间的联系。此后,再进一步深入解读单元内容,明确这一课的教材内容在单元教学中承上启下的作用以及教学的重难点是什么。概言之,通读教材非常重要,可以帮助教师全面了解教学内容和教学目标。

2. 立足单元教学

教学单元是体现整个课程本质规律的一个教学层次,是以学科能力为标准划分的教学单位,承担着独立完成一个主题学科能力的培养任务。教师应从单元教学的角度分析教材,从更宏观的视角思考这一单元要培养的学科能力是什么,在单元内思考课与课之间在学科能力培养方面的内在逻辑,从而在教材分析过程中有所取舍。教师应明确每个单元的学习目标,并将其转化为具体的、可操作的学习任务,以促进学生的学习动机和学习效果。

3. 研读课程标准

研读课程标准是教师正确进行教材解读的前提,是对所教学科相关标准进行深入研究和理解的过程。课程标准是学科教学的指导性文件和纲领性文件,是教材编写的依据。教材分析时应对照课程标准,深入思考本课内容要求学生了解哪些知识、掌握哪些方法、发展哪些能力、形成怎样的价值观等。基于课程标准,可以使教学目标的制定更明确、教学方法的选择更具针对性、教学策略的实施更有可行性。

4. 基于学情

学情是教学目标确立的重要依据,教师应分析学生的认知起点和已有的学习经验,现有的教学内容与学生原有的知识结构如何建立联系,已经学习了哪些知识,本课内容与后续学习内容又是怎样的关系,等等。教师还应预判教学内容实施之后学生可能遇到的困难,思考学生产生的困难是否与教学设计偏离课程标准有关,如难度过大或偏离目标等。

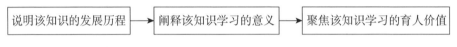

说明该知识的发展历程 → 阐释该知识学习的意义 → 聚焦该知识学习的育人价值

图 2-5 教材分析要点

课堂上学生不按我的"套路"出牌

【情境描述】

小李是一名生物老师,已有两年的工作经历。在一次公开教学展示活动中,她设计了一系列问题情境,想方设法引导学生进入新课主题,希望学生能给出一个她所期待的答案。但学生完全不按她的"套路"来,答非所问,这令她手忙脚乱,陷入尴尬境地,影响了她的教学流程和思路。为此,她很是苦恼:是我的教学方法不对吗? 还是学生……

【释疑明理】

在开展课堂教学活动时,学生总是不按教师设计的"套路"来,几乎无法按原先设计的教案完成教学程序,这是职初教师开展教学活动时经常会碰到的问题。这考验的是教师的教育教学实践智慧。这就要求教师必须深入研究学生:学生已有哪些知识基础,具备了哪些技能,需要经历什么学习过程等。……同时,增强问题意识,能敏锐地发现问题,并从问题中找到研究点,通过研究转化为实践智慧。教师的实践智慧是在处理一个个问题中不断积累的,在处理问题的过程中,教师形成新的认识,构建新的经验,进而促进新的行为改进。

【迷津指点】

1. 做好精准的学情分析

教师在仔细研读教材、熟读文本的基础上,应做好充分的学情分析。学生不按"套路"来,可能是教师对学情分析不到位。教师可采取多种途径进行学情分析,收集相关实证数据,便于对学情做出准确研判,如问卷调查、摸底测试、作业分析、访谈座谈等。教师如果能对学情了如指掌,那么当学生不按自己的"套路"出牌,提出一些预想不到的问题或独到的见解时,教师就能游刃有余,在师生的相互交流、相互沟通、相互启发中,一样可以有效地服务于教学目标的达成。

2. 营造积极的课堂氛围

学生具有不同的学习风格、个性特点和思维方式,当课堂上学生不遵循教师的"套路"出牌时,教师应做好现象背后的问题分析。是学生学习兴趣或学习动机不足,还是对教师权威的有意挑战? 是学习存在困难,还是教学方法不匹配? 在做好原因剖析的基础上,教师应积极营造一个开放、包容和尊重不同观点的课堂氛围,提供一个安全的学习环境,充分尊重学生的不同思维方式和观点,尝试理解学生行为背后的逻辑,给予学生发表意见的机会。在学生的观点与教学目标相悖时,教师应真诚地与学生进行对话,了解他们为什么会持有这样的观点,是具备了其他的经验或知识,还是持有不同的价值观或信念? 通过了解学生的观点来源,教师可以更好地理解学生的立场并寻找与学生对话的可能性,建立良好的师生关系。

3. 尊重学生的思维过程

学生不按规则出牌有可能弥补了备课的不足,促进了课堂教学的生成。教师尊重学生的思维过程,是教师对学生最好的鼓励和赞赏。教师在传授知识的同时,应更多地关注学生核心素养的发展。当然,这对教师提出了一定的挑战。如果教师没做好充分的准备,被学生这么"一搅",很可能会手忙脚乱。但如果拽着学生按照教师的"套路"走,学生可能会有被撇开的感觉,从而产生厌学的情绪。

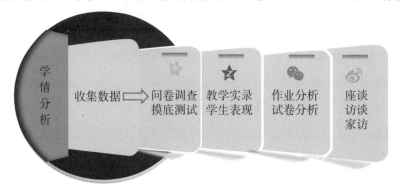

图2-6 学情分析数据收集常用方法

学生眼中我是不靠谱的吗

 【情境描述】

小王是一名刚参加工作的八年级语文教师,在教学过程中经常会遇到这样的现象:有时分析文本,学生和他同时一字不差地把答案念出来,他面露尴尬,不知如何解决;有时学生会拿出在网上下载的有关内容和他探讨,与他教学的内容进行比较,指出他教学中存在错误;有时会被学生的问题难倒,在全班面前下不了台。这些情况的发生,可能有些是调皮的学生故意刁难,有些的确是小王老师自己知识储备不足。面对来自学生的挑战,他感到压力很大,忧心忡忡,担心在学生眼里自己是不"靠谱"的老师。

 【释疑明理】

遇到善于提问、勇于提问甚至敢于质疑的学生,是实现教学相长的重要资源。在信息化时代,知识的获取已不再是难题,而知识分享、合作探究才是改革课堂教学模式的重要环节。对这一现象应该辩证看待,从积极的一面看,学生在学习的过程中,善于思考,能有意识地寻找教参等工具书帮助自己学习,这是值得肯定的。另一方面,这也对教师增长教育智慧、历练教育技能提出了更高的要求。教师在关注学生知识技能学习的同时,更应关注学生的意志品质养成、情感投入与体验。如果一味照本宣科,而不具备一定的深厚学养,一旦学生向教师请教一些教参上没有说明的问题,将会使教师陷入尴尬。如何让课堂教学真正地激发学生的深度思考,共享合作交流,是时代发展给教师带来的重要命题。

 【迷津指点】

1. 转变教师权威角色

在信息传递多渠道、学生阅读面不断扩大以及家庭教育资源日益丰富的今天,教师遇到学生提出的问题难以解答,是一种常见现象。教师要有终身学习的意识和能力,转变教师权威的角色。科学技术的快速迭代给人们的学习方式带来了深刻变化,学习的界限已被打破,知识的获取方式更为便捷,而选择和判断成为关键。案例中的现象说明,教师以往高高在上的传道授业解惑的地位和职能需要做出转变。教师已不再是传统意义上的知识拥有者和课堂权威,而应当更多地体现在对学生学习的组织和引导上,让学生清醒地认识到,如何利用各种资源进行有效学习,如何选择适合自己的学习内容,等等。

2. 保护学生的求知欲

教师要以发展的眼光看待学生的问题,对学生的提问给予鼓励,即使是有学生故意刁难,也应持宽容的心态,善于保护学生的求知欲和主动思维的积极性。学生提出的问题如果属于课堂上的教学内容,教师可发动并鼓励学生集思广益,讨论解决;如不属于课堂上的教学内容,教师可委婉地告诉学生课后再给予解答,也可以与学生商量是否可以课后回答。教师切忌不懂装懂,或有意避开问题,因为这样会给学生造成"不靠谱"的印象,不利于师生关系的和谐。为激发学生提出问题,教师可以对学生提出的问题的价值做出分析。在设计教学流程时,更多地思考如何设计有价值的、核心的问题。让学生通过自己的尝试和探究,在师生共同探讨交流中针对问题提出思考和判断。这样的交流才能逐步把学生的思考引向深入,学生的思维方式才能不断得到优化。

3. 比知识获取更重要的是合作分享

在获取知识的方式和路径越来越多的情况下,需要强调的是知识分享和解决问题的合作。教师应当成为学生学习的参与者、合作者,更多地参与学生学习的平等交流,就学习问题展开共同探讨。在这一过程中,关键不是结论的获取,而是引导学生如何发现问题,提出解决问题的思路。在课堂教学中,教师要尽量创设教师与学生、学生与学生之间分享学习成果的条件,倡导合作学习。引导学生就不同资料和观点进行分析评价,然后再结合所提出的具体要求,以小组合作的方式,研究问题解决的路径和方法。这样不仅能充分调动学生学习的积极性和自主性,也能有效增强学生对信息进行筛选、分析和判断的意识,提高学生的思考辨析能力。还须强调的是,合作分享不仅是一种学习方式,更是一种现代社会中人际交往的必备素质,在学校教育中潜移默化地培养这方面的素质,能为学生日后走上社会奠定重要的学习和工作基础。

孩子的故事很精彩

 【情境描述】

小文老师带班时,搭班老师告诉她要为每个孩子制作成长档案,需要多观察和记录孩子们的在园情况。于是,小文老师经常相机不离手,大活动、集体活动、运动、游戏等,她为每个孩子拍摄了大量照片。"照片+文字"的记录形式成了她班中孩子成长档案的统一模式。在一次园内的培训中,小文老师看到《3—6岁儿童学习与发展指南》中提到"要充分理解和尊重幼儿发展中的个别差异,支持和引导他们从原有水平向更高水平发展",对照自己制作的幼儿成长档案,小文陷入了深思……

 【释疑明理】

孩子的成长档案全面反映了幼儿的生长发展过程,还包括了教师对孩子的观察记录及评价。在成长档案的记录过程中,很多职初教师都像小文老师一样,通过一组照片,对照着某个领域就将所有孩子"一刀切",用同样的文字进行批量评价。然而,提倡成长档案,意在鼓励教师通过多种手段对幼儿进行评价,改变以单一的总结性评价来看待幼儿。所以,职初教师在记录幼儿的成长档案时,应该充分发挥评价的多元功能,体现每个幼儿的成长轨迹。在制作幼儿成长档案的过程中,整合多方面的资源,有效利用多方面的评价主体对照片、作品进行客观描述,开展综合评价。还要针对幼儿的个体差异进行成长档案的纵向记录,让幼儿和家长了解到成长是一个精彩的过程,这是教师用心去捕捉、收集、记录幼儿的一本"温暖档案"。

 【迷津指点】

1. 多角度建立成长档案的基本板块,记录幼儿的成长点滴

职初教师在进行成长档案记录时切勿盲目,要从大局考虑,先思考档案中的各个板块和指向。一般成长册包括的几个板块必不可少。例如,"我自己",记录幼儿的身高、体重、视力等方面的生长指数,但切勿简单记录数字,应更多体现幼儿的生长过程。到了中大班,可以鼓励幼儿自己记录生长指数,感受自我成长的过程。"我爱我家",这部分大多由幼儿家长提供,但职初教师也可以指导家长进行个性化记录。例如,用幼儿采访父母的形式记录自己的家庭。其他板块还可以包括幼儿观察评价、作品分析等,这些板块则需要教师用多样化的记录形式呈现。

2. 聚焦幼儿个体发展档案,呈现幼儿的纵向发展

在成长档案的记录过程中,许多职初教师为了追求"全方位记录幼儿",往往会把成长册的各内容板块平分。这样的方法固然能从多方面记录幼儿,但每个幼儿的个性发展都有其特殊性,有的幼儿在艺术领域特别有天赋,有的幼儿则钟爱各种建构游戏。面对每个幼儿的特点,教师在记录成长档案时一定要注意详略侧重,寻找幼儿在某方面的闪光点,重视过程性资料的积累。然后,从专业的角度进行评价分析,展示幼儿在某方面的纵向发展。

3. 评价主体多元化,使记录更客观

在制作成长档案袋的过程中,评价主体应该是多元的。教师切勿"包办",而

忽视了家长和幼儿这两个评价主体。对于幼儿,教师需要提供展示性的评价机会,在档案中为幼儿提供自我展示的平台。让幼儿对自己不同时期的作品进行纵向比较,清楚自己的成长和进步,发展积极的自我意识。同时,还要充分发挥幼儿的主观能动性,鼓励幼儿自己提供成长档案中的资料。对于家长,教师可以从自己的专业角度出发,让家长了解教师在幼儿园内是如何记录和评价幼儿的,然后对照幼儿在家中的表现,鼓励家长也尝试记录和评价幼儿的点滴。

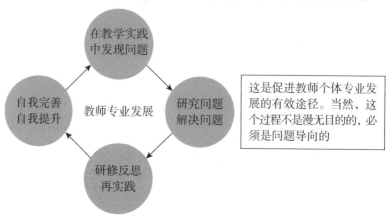

图2-7　教师专业发展路径

【工具百宝箱】

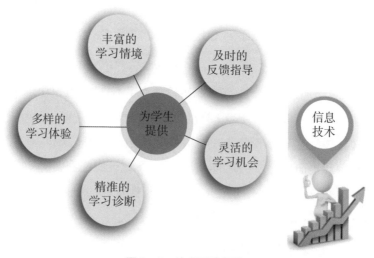

图2-8　技术赋能教学

主题三 关注学生差异

因材施教是教育的根本原则。这一原则告诉我们，每个学生都是独立的个体，学生之间存在着差异。关注学生差异，实施个性化教学是当下课程教学改革的重要价值取向。对职初教师来说，关注学生差异则意味着必须对教学有更深的理解，不能只停留在口头，而需要花更多时间去认识学生，下更多功夫去改善影响学生学习的非智力因素。

学困生辅导该如何"对症下药"

【情境描述】

小王老师担任班主任，任教数学学科。班上有几名学生，学习总存在困难，他经常单独给他们辅导。在辅导时，通常采取的方法是整理一些题目给学生做，然后讲解；或是把学生的错题评讲一遍，让学生订正。尽管小王老师很用心，但是学生的进步并不明显。为此，他很是困惑，不知该如何"对症下药"。

【释疑明理】

导致学生学习困难的原因可能是多方面的，教师首先要进行学困生现状调查与成因分析。学困生各有各的问题，教师应在"搭脉问诊"、找到问题根源的基础上再"对症下药"。如没有形成良好的学习习惯、没有明确的学习目标、缺乏学习动力以及基础知识掌握不扎实等。此外，学困生一般会有较严重的学习挫败感，相较于学习成绩比较优秀的学生，往往缺乏取得优异成绩的自信。对于学困生,教师在辅导学业的同时还必须注重对他们情感意志的引导,帮助他们树立战胜困难的信心。

【迷津指点】

1. 帮助学生养成良好的学习习惯

对于学习困难的学生,不能简单地就知识补知识,教师还需从非智力因素的改善着手。例如,采取切实有效的措施让学生养成有错及时订正的习惯、有问题及时请教的习惯、"堂堂清日日清"的习惯和预习复习的习惯等,不能让问题积少成多。又如,教师可以采取个别指导、当面批改作业等有效措施,及时了解学生对知识的掌握情况,同时帮助学生设定学习目标,创造机会给他们提供成功体验。总之,教师要结合非智力因素的改善和良好学习习惯的培养,帮助学困生树立学习信心。

2. 为学生创设良好的学习氛围

学生在学习和个性特长发展等方面存在差异是正常现象,教师应当通过班集体建设、班风学风加强等举措,为学习困难的学生取得进步创造良好的氛围。如倡导合作学习,让每位学生都可以在与他人合作的过程中看到自己与他人的差距,分享学习经验。同时,同学之间的互帮互助也有助于学困生寻找到适合自己的学习方法。又如,引导学生对自己的学习尝试进行即时评价,对取得进步的学困生,及时给予鼓励和表扬,激发他们持续学习的动力。

3. 分析造成学生学习困难的原因

如果是由于学习习惯不好、学习方法不正确造成的,则需要和学生一起分析原因,帮助学生养成良好的学习习惯,掌握正确的学习方法,如上课认真听讲、坚持预习复习、及时纠错、多提问多思考等。如果是由于学习自觉性不够、学习不刻苦造成的,则必须采取有效举措,激发学生的学习内驱力。如果是家庭原因,如家长关心不够等原因造成的,则应及时和家长沟通联系,强化家校联手,让学生感受到老师和家长的关心与温暖。总之,只有找到导致学习困难的原因,采取有针对性的措施,才能逐步让学生从学习的困境中走出来。

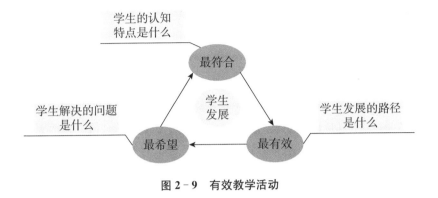

图 2-9 有效教学活动

为什么学生不肯做我的作业

 【情境描述】

小吴是一名物理老师,她工作非常认真,在教学上也特别肯研究。她觉得现有的练习册不是很适合学生,于是博取众家之长,整理出非常详细的校本讲义。但学生并不"领情",对物理作业总是抱着"应付"的态度。有些学生只做一半,有些学生只是应付。可是,她却发现班级学生对数学作业很重视,总能高质量地完成。小吴老师为此很困惑。

 【释疑明理】

学生不肯做作业,可能受到诸多因素的影响。主观因素主要来自学生个体,如学习自觉性差、有畏难情绪、磨蹭拖延现象严重、没有良好的学习习惯等;客观因素可能来自外部环境,如家庭环境条件差、家长责任心不强或监管不力等。教师要深入分析学生发生这种现象的原因,比较学生对待不同学科作业的态度,然后采取有针对性的措施。学生对数学作业很重视,总能高质量地完成。如果数学作业题量适中,效果又好,就更加值得研究,思考数学老师做法的合理性。教师应花心思多研究学生的身心发展规律和学习特点,这样才能使作业设计更科学合理。

【迷津指点】

1. 引导学生正确认识学科学习

教师可以用多种形式对学生进行引导，使学生明白完成学科作业的目的和作用。例如：可以召开相关主题班会，对学生进行思想教育，帮助学生端正学习态度，使学生充分认识作业的重要性和必要性；表扬班级中作业完成比较好的同学，在主题班会时让他们分享学习经验，也可以让他们做"小老师"，帮助作业完成相对较差的同学，营造互帮互学的氛围，形成积极向上的良好风气。

2. 让学生认识到作业的重要性

布置作业时，教师必须思考作业布置与本节课教学目标之间的关联，必须有助于本节课教学目标的达成。教师可以向学生坦诚自己的困惑，了解学生的看法。了解学生不交作业的原因，可以从以下几方面入手：了解学生回家作业完成的环境和完成作业的过程；了解学生是不会做还是不愿意做；了解学生的学习方法。摸清他们不做作业的原因，耐心做思想工作，必要时也可以和家长取得联系，如实地向家长反映孩子的学习情况，与家长共同督促学生完成作业。在充分了解的基础上，与学生共同探讨高效完成作业的方法，使学生明白作业是对当天所学内容的复习和巩固，可以有效地查缺补漏，培养严谨的学习态度。

3. 注重作业的分层设计

针对学生差异，建议能设计分层作业，以满足学生的个性化需求。对于基础较好的学生可以设置相对具有挑战性的作业，对于基础相对较差的学生可以设置基础性作业，让每个学生在完成作业的过程中实现自我对照检测，体会成功的喜悦。针对顽固性较强，不做作业的学生，可以适当降低标准，采取面批作业的办法，既不能姑息迁就也不能变相体罚，应让这部分学生在完成作业的过程中获得成就感，激发他们的学习积极性。针对那些缺乏自控力的学生，一方面要加强对作业完成过程的跟踪，另一方面要通过科学的教学方法引导学生养成良好的学习习惯、增强学习动力。对取得点滴进步的学生要及时跟进，及时表扬，促进学生不断向好的方向发展。

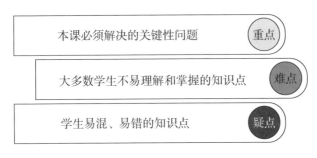

图 2 – 10　教学重难点

走出无味的课堂

【情境描述】

根据学校提出的"引导学生自主学习"的主题,小何老师开了一节公开课。为了这节课,他花了很多时间精心准备,尤其是在信息媒体技术运用方面做了创新的设计。应当说,这节课取得了比较明显的效果,充分体现了学生的合作探究与自主学习。课后学生说:"老师,今天的课让我们学得很有兴趣,如果平时也能采用这样的方式,我们就不会觉得上课很枯燥了。"学生的话引发了小何老师的思考。关注学生的学,其实是一件很不容易的事,如何做好,他一时也理不出头绪。

【释疑明理】

随着经济社会的快速发展和信息化时代的到来,给教育带来了许多挑战。在上述案例中,学生对教师的期待引出了一个很重要的话题,即在新时代背景下,教师需要重新审视教与学,需要更深入地去研究学生的学。当然,学习的载体创设是需要教师下一番功夫的,关键在于让学生经历研究性学习的体验。在这一过程中,教师应为学生的学习创造条件,提供环境,引导学生经历提出问题、分析问题和解决问题的学习体验,逐步形成科学的思想方法。这是促进学生学会学习、差异发展和个性发展的有效策略。在基础教育进一步凸显全面育人的价值取向下,强调的是个体的发展及其创造力的提升,知识的传授和经验的模仿已被运用知识解决问题的能力培养和个人创意的体现所替代。

【迷津指点】

1. 深刻认识新时代背景下学习正在发生的深刻变化

随着高科技、互联网进入社会生活,传统的书本知识已不再是学生学习的唯一方式,事实上媒体信息技术已经为学生在课堂之外的学习提供了更多的方式和路径。此外,由这一变化所带来的知识获取由以往的被动接受,正在向为了某一问题的探究而利用媒体信息技术主动获取转型。又比如,在以学生发展为本的教学理念下,不少学生已经尝试跨学科或是多学科的融合学习,单一的学科学习已越来越多地被项目化学习所替代。更加显而易见的是,信息技术的运用为学生即时了解和评估自己的学习提供了便利。所有这些,教师必须清晰而深刻的认识,这样才能采取适应信息化背景下的学习的有效策略和举措,从而有效地引导和促进学生的学习。

2. 要把有效学习作为促进学生发展的目标

如果课堂只是单向灌输或为了应试的机械操练,其结果必然是枯燥的,所产生的学习效益也必定是低下的。要扭转这一现象,必须强调学习的有效。这里的"有效"不是单纯指掌握多少知识,也不是单纯的分数排名,其核心是让学生在学习的过程中有发现、有思考、有提高。因而与之相适应的教育更多地强调如何体现个性化和差异化,其核心是思维能力的锻炼与培养,因为个性化和创造力是以思维品质的优化作为支撑。从这个意义上说,教学活动应注重学生分析问题、解决问题能力的培养。教师在备课过程中,要更多地思考如何创设问题情境,引导学生在发现问题、分析问题的过程中提高学习能力;要设计一些学生自主学习、主动发现问题、获取知识的环节,让学生始终在对问题进行思考探究的过程中学习。

3. 努力创造有助于学生探究学习的载体

信息技术背景下的学习越来越趋于学科的综合性,越来越强调学生综合运用知识分析解决问题的能力。如,STEM课程就是通过信息媒体技术引导学生通过数学、工程、信息和科学等学科知识的综合运用，通过项目研究方式提高实践应用能力；又如，创意体验类的课程也是通过项目化学习的方式，达到提高学生科技素养和思维能力的目的。面对这样的趋势，职初教师要充分利用自己的信息技术能力和学科知识相对扎实的优势，为学生设计一些综合运用所学知识去发现问题、解决问题的研究项目。例如，可以通过相关实验发现某些物理或化学现象，或证明某些结论；通过社会实践开展相关调查，然后进行分析。

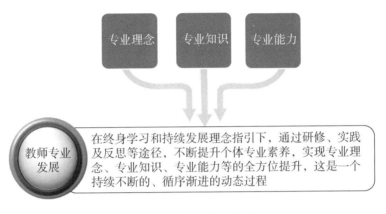

图 2 - 11　教师专业发展

我总被学生"爽约"

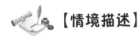　【情境描述】

小孙是一名工作三年的英语教师，她工作认真负责，每天抓学生的单词默写和课文背诵，每每有不通过的，就会把学生留下来单独辅导与检测，等到学生通过后才回家。但最近几个学生爽约了，放学后偷偷溜回去，把她一人留下空等。她感到很委屈：学生怎么不理解老师的良苦用心呢？

　【释疑明理】

教育是一个光辉的职业，其根本原因在于教育是为了让每个人生活得更美好、更幸福。相较其他职业来说,教师职业的最大不同在于教师的工作对象是人,是一个个有思想、有情感的鲜活生命。小孙老师责任心强,其劳动付出理应得到学生的尊重,当学生爽约时她不免会觉得气愤和委屈。但如果把情绪宣泄到学生身上,既不利于问题解决,甚至还可能造成师生双方的对立。此时,教师需要冷静地对学生的爽约行为进行分析。只有找到学生爽约的原因,才能采取有效举措。教师应晓之以理,动之以情,营造和谐的师生关系,这是有效开展教学工作的必要前提。

 【迷津指点】

1. 了解爽约原因,从"管理"走向"关注"

学生爽约的原因是什么? 弄清原因是解决问题的前提。学生是否已进入学习量的"饱和"状态,产生了抵触情绪? 是否认为辅导效果不明显,不愿意参加? 是否学习态度不端正,有意和老师对着干? 这些是教师被爽约后需要面对的问题。教师可以从学生本人、班级其他学生、家长或其他任课教师那里了解情况,弄清缘由,这是解决问题的先决条件。在分析学生爽约缘由的基础上,教师可以充分发扬民主,与学生共同商议最佳解决方案。比如:如果有学生认为,自己当天晚上会花时间解决存在的问题,第二天请老师检测,这也未尝不可,但学生事先应向老师表明自己的想法;如果是学生确实有事需要放学按时回家,应该让学生明白这一情况同样应该事先向老师说明;如果是因为当天其他作业太多,来不及参加英语补课,也需要向老师说明;如果觉得老师的辅导不适合自己,效率不高、效果不好,师生可以共同探讨解决问题的办法;等等。

2. 提质增效,采取有效举措

辅导效率并不与时间量成正比,关键在于因人施策。学习困难的学生各有不同的成因,教师首先要通过科学的诊断和评价查找原因,对症下药,才能取得事半功倍的效果,而不是简单地重复练习。分析辅导对象,明确辅导目标,针对不同问题的学生选择适切的方法,提高辅导的针对性和有效性。例如,全方位地了解学生的学习表现、学习习惯、在班级中的位置等,明确达到了哪些学习目标、哪些还没达成需要补上。这是让学生乐于接受教师个别辅导的重要因素之一。又如,明确辅导目标。对于通过辅导拟达成的目标必须有清晰的计划,并不是花的时间越多、重复练习的次数越多,学生的学习效率就越高。同时,上好每一堂课,提高课堂效率,让学生的课堂问题当堂解决。针对学困生,可以适当降低学习起点或难度,让学生通过学习体验到成功,增强自信。教师还应注意辅导的方式方法和时间地点的选择,避免让学生产生负面情绪,影响学习效果。总体而言,要以较少的时间投入,取得较大的成效。

3. 追本溯源,深入研究学生

教师要把教学研究重点放在教学对象身上,要深入研究学生,关注学困生的学习行为及其影响学习的非智力因素。例如,学生是否养成预习复习的习惯,是否养成及时订正作业错误的习惯,是否有探究问题的兴趣,等等。在这些方面可以设计一些任务驱动的学习内容,有要求、有检查、有评价,逐步改善影响学生学习的非智力因素。又如,可以引导和组织学生不断反思自己的学习,发现和宣传一些典型事例,为学生树立学习榜样。尤其是对于学习态度发生明显变化、学习成绩提升明显的学生,教师要和他们一起分析其中的原因,引导他们进一步理解学习进步的根本在于要有强烈的内驱力和科学有效的方法,进而形成良好的学习氛围。

 【工具百宝箱】

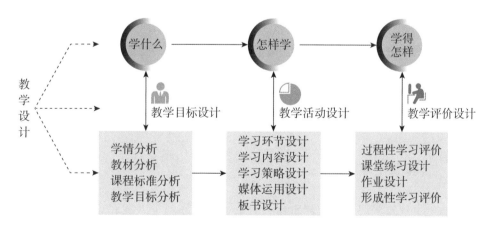

图 2 - 12　教学设计主要环节

主题四　设计发展规划

教师的专业发展是一个循序渐进的动态过程,是教师增强职业认同、提升专业能力的过程。在这一过程中,制定教师个人专业发展规划是加速教师专业发展的"助推器"。教师制定专业发展规划是对自我剖析的全面"透视",明晰发展目标,选择发展路径。需要强调的是,规划的设计与制定不能停留在纸面上,"心动"更要有"行动"。这样,发展规划才能真正促进教师的专业发展。

个人发展规划不是纸上谈兵

 【情境描述】

为加快促进职初教师成长,学校组建了教龄"1—5 年"职初教师沙龙,每月定期开展活动。在上一次学习活动结束时,布置了下次研讨的主题:交流"个人三年发展规划",每位职初教师制定近三年的专业发展规划,进行交流互评。这让职初教师充满疑惑:个人发展规划是不是"纸上谈兵"? 它有什么意义?

 【释疑明理】

教师专业发展规划是教师根据自身的岗位实际及个人发展意向,通过对影响自身专业发展的主客观因素分析,确定个人成长目标,拟定为实现这一目标所采取的措施,实现从新手教师发展为成熟教师的过程。制定教师个人专业发展规划是教师实现自我专业能力发展的重要途径。教师根据自己当下所具备的主观素质和客观条件科学具体地规划职业发展,是超越自我的重要环节,是引领教师取得成功的关键保障。

 【迷津指点】

1. 让发展规划为自身职业定位"搭好脉"

发展规划是教师对自身职业生涯设计的一个"导航系统"。我在哪里,即目前现状。我要到哪里去,即希望成长为怎样的教师。怎么去,即采取的措施。教师在制定发展规划时,应对自己"把好脉",准确进行自我定位,认清职业目标,分析自身的综合优势与劣势,科学评估个人目标与现实之间的差距。找准专业成长行动的"发力点",变被动发展为主动发展。全国教书育人楷模、人民教育家于漪老师曾说:"教师真正的成长在于教师内心的深度觉醒。人的成长是一辈子的事,不是所有的教师都意识到了成长的重要性与必要性,有的更是听凭妨碍精神成长的因素在自己身上滋长。"

2. 让发展规划为自身职业生活"引好路"

发展规划是实现职业目标的一整套行动计划,是教师教学水平和研究水平不断提升的重要标志。随着教育综合改革的发展,教师需要不断更新自己的知识结构、能力结构,不断转变教育教学观念,以适应教育教学改革的需要。行之有效的发展规划应该为教师职业生活"引好路,开好方",明确行动策略:通过什么办法、采取什么措施、利用什么条件、在什么时间、达到什么程度。进而使职业生活有"规"可循,避免职业生活的迷失茫然。

3. 让发展规划为自身职业发展"把好关"

正所谓"凡事预则立,不预则废",发展规划能科学地谋划未来,为自身职业发展设计一个"蓝图",提供一个参照框架,时刻提醒自己要朝着这个方向前行。完成规划中一个个任务的过程就是教师成长的过程,教师专业成长是伴随教师职业生涯的终身话题。"了解自己,正确定位,努力实践",这是教师专业发展规划的意义所在,能促使教师始终朝着自己的教育初心努力。

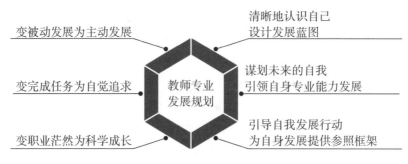

图 2‑13　教师专业发展规划的作用

表象之外的自我诊断

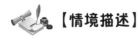【情境描述】

　　办公室里,小徐和带教师父张老师就是否要进行个人专业发展规划的自我现状分析发生了争论。小徐认为只要有清晰的自我发展目标,就没必要做个人自我分析了。而师父张老师则认为,个人自我分析是制定专业发展规划的前提,没有个人自我分析,发展规划犹如"空中楼阁"……

【释疑明理】

　　知人者智,自知者明。只有做好清晰的自我诊断,才能有的放矢地制定发展目标及举措,达到事半功倍的效果。自我现状分析是指教师通过收集自身的、同事的、学生的、家长的以及周围环境的相关信息,对自己开展积极的、潜在的、客观的分析,评估自己职业生活的位置和形象,为自己画一个"全貌图",进而为发展规划的制定提供依据。教师的个人自我现状分析体现的是教师的自我觉察能力,通常可采用 SWOT 分析法,从自身的优势(Strengths)、劣势(Weaknesses)、机会(Opportunities)及挑战(Threats)四个维度进行分析。

【迷津指点】

1. S——我的优势是什么

可以从个体专业背景、知识结构、兴趣爱好和能力水平等多个维度进行分析；也可以从团队环境、学校环境以及区域环境等多个层面进行分析，判断自己在学校从事的岗位，判别哪个岗位更适合自己，认清外部因素能为个人发展提供哪些资源和条件，以便合理利用各类资源。例如：我的知识储备如何，我的教学优势有哪些，我积累了哪些教学经验，我形成了哪些教学主张，我在哪些方面与众不同，我的能力优势有哪些，我的优势让我取得了哪些方面的成绩，我的优势体现了我哪些方面的能力。

2. W——我的劣势有哪些

目前有哪些方面表现得还不尽如人意，如需要突破的瓶颈以及个人专业短板等。可以从教育理论知识、教育教学技能、科研能力以及学生研究能力等方面进行剖析。例如：我的教育理论最欠缺的是哪些部分，我的专业成长受到哪些方面的阻碍，我哪些方面做得最差，产生这些问题的原因是什么，我最薄弱的专业知识是什么，我的沟通交往能力如何，我的劣势对我的专业发展产生了哪些影响。

3. O——我的机会在哪里

可以结合个人优势和劣势，从外部平台搭建、资源提供、提高个人知名度和影响力等方面进行分析。例如：我积累了哪些经验，可以"输出"哪些经验，如何把我的优势转换成机会，如何把我的劣势转换成机会，区域发展环境可以为我提供哪些机会，学校可以为我提供哪些方面的资源或条件，团队可以给我提供哪些方面的发展机会，我可以开展哪些方面的研究，可以取得哪些成果。

4. T——我的挑战是什么

可以从社会发展对教育的要求、学校的办学愿景、区域教育发展规划以及教育改革发展目标、现有资源和条件等方面进行分析。例如：学校领导希望我成长为怎样的教师，学生心目中的我应该是怎样的老师，人工智能在教学中的应用给我的教育教学带来了哪些挑战，教育综合改革对我提出了哪些新要求，我的劣势会给我带来哪些威胁，学校以及区域教育发展对教师提出的目标愿景有哪些,从自身发展需求出发还需要哪些资源和条件,这些资源和条件怎样获得。

图 2 - 14　SWOT 分析法

私人定制你的发展规划

【情境描述】

　　小朱老师入职已经三年了,她工作很努力,也很有进取心。看到其他教师在事业上取得不少成绩,小朱老师也想好好地规划一下自己的专业发展,为自己设定一个追求目标。但她不知该如何为自己量身定制一份专业发展规划。

【释疑明理】

　　教师的专业发展除了教育政策的导向、体制的保障之外,最重要的是教师要有自我发展的动机和意识。内因上有了自主发展的内驱力,外因上提供了机遇和条件,教师的专业发展就水到渠成了。制定合理有效的专业发展规划是教师实现个人专业发展不可或缺的环节。教师个人专业发展规划,不仅是教师专业能力发展设计的蓝图,也能为教师反思提供参照框架。制定教师专业发展规划,不仅可以引领教师的实践和行动,也是推动教师认识自我、产生专业自觉行动的过程。当然,有了规划并不意味着就能成功,关键还在于如何为行动落实和目标达成付诸努力,这是对职初教师的真正历练。制定教师专业发展规划可以从以下几个维度进行。

 【迷津指点】

1. 明起点——我的发展现状

可以从个人自我现状剖析和发展环境因素分析两方面进行。一是自我现状剖析:我的专业优势是什么,不足的地方有哪些,自己与优秀教师之间的差距在哪里,等等。梳理自己在教育教学领域所取得的成果、积累的经验,思考这些成果和经验能对进一步的发展起到什么作用,以及下一阶段最希望突破的领域或难点是什么。二是环境因素分析:对自己目前所工作的环境,如所在学校、团队等进行影响因素分析,认清区域教育环境、学校教育环境以及家庭环境能为个人发展提供哪些资源和条件。然后从宏观政策到微观环境,收集对自我专业发展有利的和不利的条件,分析可能的机遇,论证目标设计的合理性和可行性。

2. 定目标——我的发展目标

综合考虑自我的现状和环境因素,对自我的发展方向和目标进行清晰定位,明确发展总目标、分阶段目标和拟形成的成果,思考自己应朝哪条路径发展、适合往哪条路径发展。一般以三年发展规划进行整体思考,再细化为学年、学期等分目标。发展目标必须可操作、可量化、可检测。例如,课堂教学方面的目标可以是:对自己的教学方法和经验定期进行梳理,能开展校级层面和区域层面的公开教学研讨展示活动,开发系列校本课程,力争参加青年教师教学大奖赛,等等。班级管理方面的目标可以是:力争评选为优秀班主任,所带的班级能评为优秀班集体。教育科研方面的目标可以是:力争能立项区级课题,申报教师团队发展项目。

3. 找路线——我的发展举措

每一项目标的达成必须有清晰的行动举措。具体思路为:审视自我有方法—问题解决有策略—目标实现有行动—实施效果有评价。行动举措越具体越有利于目标的实现,最好按学年、学期、月分阶段列出。目标举措的制定应有助于今后进行自我评估和修正。例如,研修培训,结合自身现状以及发展目标拟订学习计划,包括需要参加哪些方面的培训、需要研读哪些教育类书籍等。与此同时,分析现有条件和资源,明确学校能提供哪些方面的资源、自身还需要哪些资源支持、需克服哪些困难等。

4. 思成效——我的发展评价

对照拟定的发展规划,检测规划执行的情况以及规划执行后的效果,如获得了什么荣誉、取得了什么证书、立项了什么课题、发表了什么论文、积累了哪些经验等。可以多听取同事、校长的评价,多听取学生、家长的反馈,进而调整和修正发展规划。发展规划就是教师的成长轨迹,执行规划就是完成一个个小任务的过程。教师应时常反思自我发展规划,详细分析现状和发展目标之间的差距,定期评价计划的执行情况。

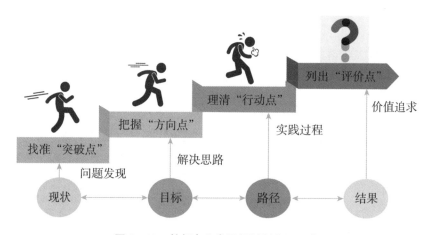

图 2－15　教师专业发展规划制定四环节

发展规划制定"三部曲"

【情境描述】

怀着对教育事业的热爱,三年前小胡从外企白领转行成为一名小学语文教师。她勤奋好学,努力刻苦,加足马力弥补自己"门外汉"的不足。功夫不负有心人,经过层层遴选,她入围了区域"菁英教师"。作为区"菁英教师",第一项任务就是制定个人的两年发展规划。由此,小胡老师经历了专业发展规划制定的"三部曲",开启了从一名"门外汉"到"菁英教师"的蜕变之旅。

 【释疑明理】

实践表明,有明确职业成长目标,并能根据成长目标制订行动计划的教师,能极大地缩短成长周期,加速实现从"职场小白"到"职场老司机"的华丽转身。职业生涯中,总有一些成长故事让人回味无穷,对案例中的胡老师而言,个人专业发展规划经历了"三部曲",最终成为胡老师的"私人定制",给了初涉教坛的她专业化的底气和面对未来职业生涯的勇气。胡老师将规划融入日常的教育教学中,按照分项目标里的时间节点完成各项目标,努力做一名研究型教师。或许,她从一名"门外汉"到"菁英教师"的蜕变之旅能给职初教师的专业成长带来诸多启发。

 【迷津指点】

1. 个体行动,找准目标定位

小胡时常以校长说的一句话鞭策自己:"职初教师的高度决定着学校的高度,教师的讲台虽小,但我们的格局要大,每一位教育工作者都应拥有胸怀天下的格局。"她认真制定个人专业发展规划,不敢有一丝怠慢,从个人基本情况、发展目标、预期效果等方面进行全面而深入的剖析和规划。制定好规划后,她请教导师。带教导师看了规划后,直击这份规划的要害——太面面俱到、太笼统宽泛,并提出了修改意见:"一份好的规划是建立在对自我有突破性诊断的基础上的,是能彰显教师个人发展特色的规划。可以结合学校以及区域教育改革的发展特色制定个人专业发展规划,并且要注意这是一份职初教师的规划。"导师的建议,让小胡对个人专业发展规划有了更深入的思考。

2. 同行助力,直击发展要点

针对导师的意见,胡老师抓住了"突破性诊断""彰显特色""职初教师"这三个关键词,调整了发展规划,主要在两方面做了突破。一是直击自己的最大优势和最明显不足。她最大的优势是学习能力强,成长快,已经是学校的青年骨干教师;最明显的不足是,作为一名外企转行的"门外汉",没有系统学习过小学教育知识、语文本体性知识薄弱、教学研究不够专业。二是聚焦发展目标,基于突破性的个人诊断,结合学校"重自主、乐参与、慧发展"的办学特色,将自己的个人发展聚焦在五个方面:树立专业理想,形成师德情操;参加职称评定,提升专业能力;提炼教学智慧,形成教学主张;思考自身定位,打响品牌特色;优化已有资源,开发校本课程。

3. 专家咨询,精准成长诊断

调整后的个人规划让胡老师对自己的职业定位和努力方向更加明确。随后,胡老师又咨询了相关专家,为规划进行专业诊断。专家提出了如下建议:

首先,问问自己,经过这两年的培训后希望成为什么样的教师。其次,规划实施的路径一定要很明确,每个目标确定后都要思考与它相匹配的是做哪几件事,以及与之相应的完成时间和预期成果。最后,思考希望形成的教学主张有哪些。这样既能让人看到一名职初教师在制定规划时的严谨,又能时刻提醒自己朝着这个方向努力。

胡老师再次调整了发展规划,围绕发展目标,明确发展行动。

例如,"提升专业能力"这一项是针对"门外汉"这一最大的不足制定的,主要是夯实教育学和语文专业知识。采取的行动举措是:攻读小学教育专业的在职研究生,获得上海师范大学教育学硕士学位;针对语文本体性知识薄弱的问题,参加为期三年的区小学语文学科实训基地培训,通过导师引领、同伴互助,提升语文素养。同时,在计划的时间内晋升小学高级职称。又如,针对"教学主张"这一项,开展个体独立承担的课题研究,参加区教研员领衔的围绕语文要素的教学设计课题研究等,逐渐提炼出自己的课堂"三度":教学内容有密度、问题解决有坡度、教师自身有深度,为今后真正形成自己的教学主张打好基础。

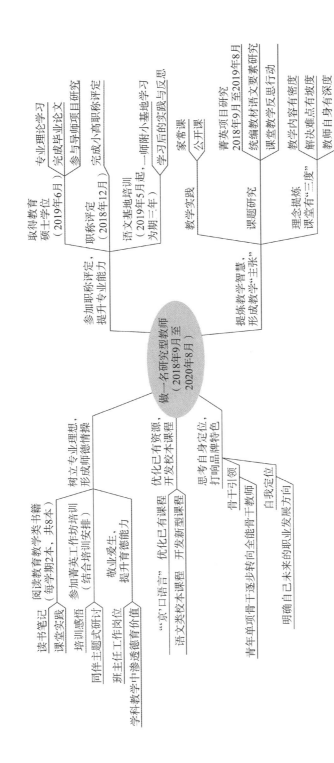

图 2 - 16 教师发展规划案例

【工具百宝箱】

教师三年专业发展规划示例

一、个人现状分析

（一）个人简介

（二）自我因素分析

1. 专业优势

2. 个人不足

（三）外部因素分析

1. 区域环境

2. 学校环境

3. 团队环境

二、个人发展目标和学习成果

（一）预设的三年总目标

（围绕个体的近期目标、中期目标、长期目标进行阐述）

（二）预设的分目标及相应的学习成果

1. 预设的分目标

2. 预设达成的相应学习成果

三、个人学习发展思路和措施

（针对目标拟采取的举措，必须紧扣目标且具体可操作）

（一）个人学习发展思路

（二）个人发展具体措施

四、个人的分年度学习发展计划

（一）第 1 年发展计划

（二）第 2 年发展计划

（三）第 3 年发展计划

五、个人发展评价

（聚焦教学能力、教育科研、教育管理、专业素养等方面进行评价，应可检测、可量化）

六、现有的资源（人力资源、环境资源等）

七、需要借助的资源（希望区域、学校提供的资源）

模块三

从胜任到优秀

——入职 4 至 5 年的体悟存真

从入职第 1 年的见习模仿到工作 2 至 3 年的尝试独立教学，职初教师积累了一定的经验，逐步进入专业发展"披沙拣金"的关键阶段，孕育着蓄势待发的新样态。进入这一阶段的职初教师对教育教学有了更多的体验感悟，也有了更多的理性思考和研判。例如：自己的教学实践哪些方法和技能是有效的，又有哪些方面是需要调整和重新学习的？哪些观念对教学是有促进的，又有哪些是不切实际的？成功的课例与无效的教学的主要区别在哪里？这些都会在不断的思考感悟中开始有答案。这一思考感悟的过程犹如"披沙拣金"，拨开纷繁芜杂的教育现象的层层"沙砾"，发现教育规律的"真金"。这一阶段的体悟也启迪职初教师在专业发展的实践中永远都需要去粗取精、去伪存真的思辨与探索。这一阶段极易产生两极分化。部分教师会在前期经验积累的基础上快速成长，而部分教师会产生职业倦怠，对是否还能坚守成为名师的初心产生怀疑。基于上述认识，本模块从职业价值体现和教学研究等方面提供案例分析和导引，引导职初教师从"胜任教学的教师"成长为"优秀教师"，踏实地走向发展与精进之道。

主题一 体现职业价值

职业价值即职业价值观。总体而言,职业价值是人生目标和人生态度在职业方面的具体表现,也是个人对职业目标的追求和向往的集中体现。对职初教师提出体现职业价值的要求,其意义在于引导他们在教育实践中不断追求自我价值的实现和专业发展水平的提升。

我还能坚守成为名师的初心吗

【情境描述】

小陈老师非常喜欢教师职业,工作四年来,他感觉日常工作非常忙碌,除了每天备课、上课、批改作业以及学生辅导等工作之外,还要经常参加校内外的各种活动,如教研活动、研修培训等。小陈老师觉得自己每天都在忙于应付,工作很平凡,对未来职业生涯一片茫然。他很是苦恼:我还能坚守成为名师的初心吗?

【释疑明理】

小陈老师的情况在职初教师群体中存在一定比例,主要有两方面的因素。一方面是刚走上工作岗位的职初教师必定有一个职业适应的过程,在工作中常常忙于应付日常工作,而缺乏主动学习与思考的意识;另一方面是由教师的职业特点决定的,这需要教师对教育工作有比较全面的分析和思考。对职初教师而言,要避免这种负面情绪对专业发展的影响还须在实践中狠下功夫进行探索。

坚守成为名师的初心不仅是职业理想的追求,也是对个人毅力的重大考验。职初教师没有丰富的经验,在处理自己不擅长或未经历的事情时往往会显得力不从心,进而产生抱怨和焦躁的情绪,从而对自己的职业期望产生迷茫和质疑。如果教师坚定地朝着目标矢志不渝地奋斗,那么这一切将会成为人生的重要财富。

 【迷津指点】

1. 学习是一种习惯

对教育现象的认知水平会直接影响教师对教育价值的判断、对教学的理解以及对学生的洞察,而提升认知能力的关键途径之一是学习,向书本学习、向专家学习、向同伴学习。职初教师确实需要通过大量的教学实践来掌握规律、积累经验。而实践要高效必然需要理论的指导,教师在繁忙的实践过程中需要挤出时间学习相关理论,因为理论是对实践规律的总结提炼,对实践具有重要指导意义。教师只有掌握扎实的教育教学理论,才能对实践进行清晰且科学的分析。教师应思考教学改革如何更好地顺应育人的规律,促进教与学的共同发展。理论学习可能是枯燥的,许多概念、原理需要教师下功夫去思考和理解。随着学习的坚持和实践的积累,教师对理论的认识和理解一定会不断加深,对个人的教学反思也一定会起到重要的促进作用。

2. 研究是一种能力

成为名师可以说是每位职初教师都渴望达成的目标,但必须看到,名师之"名"不在于名声、名气,而在于通过不懈努力,不断提升自己的师德水平和专业素养的职业精神。职初教师应志存高远,把发现问题、研究问题、解决问题作为专业成长的重要台阶;确立学科研究意识,掌握学科研究方法和技能,在专业发展道路上经历"披沙拣金"的磨砺;不断审视和反思自己的岗位实践,养成善于发现和捕捉教育教学问题、研究解决实践问题、撰写教学反思的习惯;在动力与压力中,边学习边研究,边反思边修正,在持续发展中寻求突破,在研究创新中追求精进。长此以往,相信职初教师在实践研究中会不断缩短与名师的距离,成为专业发展道路上的"领跑者"。

3. 协作是一种品质

教师的职业特点决定了教师的专业成长必然是在团队中的成长,组织中的成长。俗话说:"一个人走得很快,一群人走得更远。"教师应积极主动融入团队,在同伴互助中获得专业支持,借力团队群体的智慧与力量,有助于加速自身的成长蜕变。职初教师应增强团队意识、组织意识,充分认识到团队的价值与意义。在与伙伴的沟通交往、学习研究中,形成相互影响、相互促进、共同进步的伙伴关系,形成良好的职业生活状态。

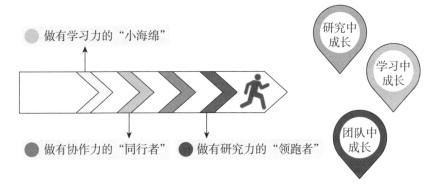

图 3-1 教师职业生活

找到自我发展的"破冰船"

 【情境描述】

小孙老师每天总是乐呵呵地上班,对工作富有激情。然而,每当她走进教室,总有一种莫名的慌张,担心自己教学过程中有不妥当的地方。尤其是学校领导来听随堂课时,总显得忐忑不安,担心会出现这样或那样的问题。但她又非常希望能得到他人指点,使自己有所长进。这种矛盾的心态一直伴随着小孙老师。

 【释疑明理】

职初教师站稳讲台是最基本的安全需要。教师的专业发展从解决问题到积累经验,从理性思考到行为改进,是实践、学习、研究等多因素综合作用的结果。

小孙的矛盾心态在职初教师群体中较为普遍,尤其是有几年的工作经验后,他们大都迫切希望自己在工作中有所成长与建树,但因实践经验不足,产生的困惑与问题也相对较多。其实,在工作中产生问题是正常的,教师应以积极的心态面对问题,理性分析问题。教师解决问题的过程就是能力提升的过程,是专业成长的过程。

 【迷津指点】

1. 剖析自我,开展"家常课"研究

教师是实践性反思者,教师的在职成长是一种在问题解决中的学习成长。剖析自我,开展"家常课"研究是有效策略之一。教师应围绕课标、教材、教法、学法、评价等开展"家常课"研究与实践,形成自己的独到见解与观点,获得同行认可。例如,可以把创设问题情境作为自己研究教材和研究学生的重要媒介,思考采取的教育教学策略或方法有何不足,或有哪些可取之处。这些都需要教师花时间搜集资料,做课例分析,才能有深入认识。有了这样一个过程,教师就能减少工作的盲目性,提高工作实效。在"家常课"研究中增强学科功底,丰富教学经验,成为深受学生和家长喜爱的教师。

2. 直面问题,让同伴走进自己的教学世界

在教师专业成长的道路上,需要有志同道合的团队伙伴,任何单打独斗都将制约教师的专业发展。从自我完善的角度主动地发现问题、直视问题和解决问题是职初教师需要面对的重要挑战。如果学校领导的"权威"会让你产生紧张情绪,建议可以主动、大胆地让同伴走进自己的教学世界。通过同伴评课、经验分享等途径,在共研、共学、共享中丰富教学智慧。职初教师要多听、多思、多看同伴的工作状态,借鉴学习他人的经验;多听专题学习报告、示范课及观摩课等;多思教学活动的成功之处及存在的问题。教师要学会在与他人的比较中更好地审视自己的行为,每尝试一种想法就是一次学习旅程,构建起支持专业发展的"自助式"发展模式,并不断超越。

3. 愈思弥新,养成整理教育智慧的习惯

职初教师应养成实时记录教学智慧的习惯,整理自己在教育教学工作中的点滴智慧和思考,在整理教育智慧的过程中锻炼研究能力。教育智慧整理可以有多种形式,如撰写教学反思、教育叙事或成长故事等。今天是否高质量地完成了教学任务?发生了哪些教学事件?为什么会发生?从中获得的经验是什么?教训是什么?有了智慧积累的习惯,就有了专业发展的保证。整理记录是一个把问题本身、问题解决过程与对问题解决过程的分析反思写成教研(教育教学研究)故事(或其他叙事形式)的过程,本质上是一个对自己教育实践智慧进行真实记录与经验积累的过程。[①] 整理记录是把问题解决与实践智慧生长连接起来的重要环节。通过教学智慧整理可以帮助教师愈思弥新,在探索过程中逐步养成自我审视和自我反思的习惯。

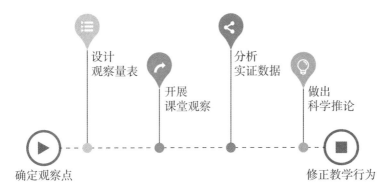

图3－2　做好课堂观察

是什么阻碍了我成长的脚步

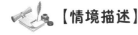 【情境描述】

　　五年前,学校里来了两位新教师小张和小王,她们朝气蓬勃,工作富有激情。在工作过程中,两位教师对教育职业的理解出现了很大差异。小张老师认为,自己不擅长研究,每天只要按部就班地完成教学任务就可以了;小王老师则不同,

---

① 宋林飞.教研故事:助力教师三个好习惯的养成[J].现代教学,2017(19):4.

她爱思考,非常喜欢问为什么,总是带着研究的眼光观察学生。五年后,小王老师成了教研组长、学校的科研骨干,而小张老师则教学实绩平平。小张老师也很纳闷:是什么阻碍了我的专业发展,以致和同事的差距越来越大?

 【释疑明理】

同时毕业的大学生来到同一所学校,为什么几年之后,有的教师在原地踏步,而有的教师成长速度明显?究其原因,是他们对教育工作境界的理解和认识不同。案例中的小张老师可能仅仅把工作看作是一种职业,认为是维持生计的工具而已,以完成工作任务为标准。小王老师则把教师职业看作一种专业,把它当作是后天再学习和发展的机会,注重工作中的研究与思辨,善于发现问题、研究解决问题。短期内或许很难看到二者之间的差别,但是"路遥知马力",一段时间过去后,差距自然产生。其实,后天的努力及面对工作的态度比天资禀赋更为重要。从众多名师成长的经验中可以看出,实践研究能力对教师专业发展起着举足轻重的作用。青年教师应在工作中做到既是实践者又是研究者。

 【迷津指点】

1. 增强问题研究意识

在教学实践中,职初教师要做有心人,强化问题意识。凡事多问几个为什么,才能不断逼近问题本质,真正触及有助于自身专业技能提升的核心。在日常教育教学实践中,教师要多问是什么、不是什么、为什么这样做,应善于从习以为常的教育教学现象中发现问题,多思考问题背后的原因。例如:教学中发生了什么问题或现象,这个问题或现象对学生学习造成了什么困扰,为什么会发生,准备怎样研究解决这个问题等。通过发现真问题,剖析问题成因,理清解决思路,进而不断丰富教育教学实践智慧,逐步走向专业发展自觉。

2. 采取有效研究行动

教师的专业成长必然是问题解决中的成长,这是由教师的职业特点所决定的。职初教师要有敏锐捕捉问题的习惯,善于从教学实践中的小问题着手,就教学中产生的困惑、遇到的困难开展研究。通过真实问题的解决,教师体悟、领悟、感悟其中的道理和原理,进而修正行为。应如何进行有效的体悟、感悟呢?建议职初教师可以从做好教育案例研究着手。教育案例研究是教师最容易上手也是最容易开展的一种科研活动。教师可以把在日常教育教学实践过程中发生的真实的、典型的、有问题的事件,形成一个相对完整的且可供大家思考、分析和研究的案例。可以是一次活动、一次实验、一次对话、一次家长会、一个教学片段等。同时,运用相关教育教学理论,对案例现象和本质进行深入剖析,针对关键性问题,形成有影响、有启发、有价值的教育教学观点,提出符合案例情境的、可行的方法或策略。评析案例时,要认真思考从什么角度来分析某个特定问题、选取案例中的哪些事实做依据,提出自己的见解,挖掘案例事件的意义和价值。可以从一个当事者的角度分析,也可以从一个旁观教师的角度分析。教育案例研究对职初教师而言并非高不可攀,但贵在坚持。

3. 树立研究信心,建立学习力

许多职初教师容易妄自菲薄,认为教育研究很神秘,边工作边研究好像高不可攀。建议教师首先要对自己有信心,相信自己的能力,鼓励自己不断努力提高自身能力和素质。其次,学会学习。教师必须充分意识到终身学习的重要性,应具有强烈的学习自觉性和热情,激发求知、探究的欲望。要熟悉多种科研方法和科研规律,掌握如观察法、调查法、实验法、经验总结法、行动研究法等常用的科研方法。能独立选择、确定研究主题,设计研究方案,收集相关的研究资料,进行科学客观的分析,并能以书面形式将研究成果加以推广。再次,可以向周围有经验的教师学习和请教。一个团队中,总有那么一些优秀的教师。职初教师可以学习他们身上的优秀品质,如面对任务的态度、处理问题的思维方式、钻研的精神和方式等。有了自信心,努力学习与不断追寻,加上周围优秀教师的影响,相信职初教师会成为优秀的实践者与研究者。

图 3 - 3　教学案例要素

我和教研活动"无言以对"

 【情境描述】

小刘参加教研活动时,总是听得多,讲得少。听有经验的教师侃侃而谈,觉得他们讲得很有道理。但轮到自己发言时,却不知道该说什么、该怎么说,在活动中总觉得自己插不上话。久而久之,小刘老师在教研活动中很少发言,显得很被动,这让她很是苦恼,渐渐地对教研活动也失去了参与的热情。

 【释疑明理】

职初教师教学实践经验尚不丰富,在教研活动中多以"听众"的角色参与,处于"被动"学习状态。有的职初教师听着老教师侃侃而谈,觉得自己的想法可能太过肤浅,担心说错,就不好意思发言;或是面对同一个话题或事件,有很多想法,却不能形成有说服力的观点,不知如何提炼归纳;还有的职初教师可能本身的性格就不善于表达,在教研活动中总是一言不发。这种种现象都不利于职初教师的专业成长。教研活动是职初教师熟悉了解教育教学常规,学习教学经验,引发教育教学问题思考的重要途径,也是促进教师专业发展的关键载体。当出现问题时,应逐一审视分析问题根源,找到真正原因。相信通过教学实践经验的不断积累,职初教师一定会通过理性思考分析,总结出自己的经验或看法,提出独到见解和观点,在教研活动中能畅所欲言。

 【迷津指点】

1. 教研活动前——充分准备

每一次教研活动都有研讨主题,一般教研组的教研活动在每个学期初就会确定专题研讨的主题。职初教师可以在每次教研活动之前根据研讨主题做好准备。如可以事先查找相关资料,了解与教研主题相关的内容,为自己的发言做好理论准备;同时,可以结合主题梳理出自己在教学实践中碰到的问题,俗话说"有备而战"。带着问题参加教研活动,与同伴进行思维"碰撞"。如果每次教研活动都做好充分的准备,就能较好地避免"插不上话"的尴尬,也不会处于茫然状态或是随机式的即兴发言,进而做到有条有理、思路清晰地表达观点。

2. 教研活动中——深度参与

职初教师参加教研活动必须持认真积极的态度,把教研活动作为提高自己专业水平的重要契机。首先,在教研活动中,可以站在问题发现者的角度,在认真聆听其他教师发言的基础上,结合工作实践积极开展自我反思。例如:这个问题如果我来回答,我会提出什么样的观点? 这个情况如果是我遇到,我会怎么做? 还有其他解决问题的策略吗,可以怎样进行调整? 其次,要敢于表达自己的想法或提出问题。即使是不成熟的想法,也要敢于提出,在不断思考与表达中锻炼自己的胆量与表达能力。最后,做好"研修活动反思表",及时记录参加每次研修活动的收获与体会、问题与思考,为个人经验的提炼和梳理提供参考。

3. 教研活动后——实践深化

教研活动是根据学校实际而自行确定主题的学科研讨活动,是促进学科建设和提高教学质量的重要场域。职初教师不仅是教研活动的参与者,还应当站在更高的层面审视教研活动的功能和价值。教研离不开教学实践,职初教师要不断地将理念付诸实践,并在实践中将理念自觉内化。在平时的教学工作中,职初教师要注意教学素材的积累与梳理,养成开展教学反思的习惯,进行课例研究、撰写教研故事等,将自己零散的工作经验梳理成有条理的教学方法或策略。这样,在不断的实践反思中教师就能总结出自己的教学方法,为自己的教学研究工作打下基础,在教研活动中成为活跃分子。

【工具百宝箱】

哪些问题影响我深度参与
教研活动?
主要障碍点:
_____
_____

克服障碍点,我应采取的
行动:
_____
_____

你对本次教研活动印象最
深的环节:
_____
为什么你会这样认为:
_____
本次教研活动解决了学科
教学的哪些关键问题:
_____
本次教研活动受启发最大
的点:
_____
_____

图 3 - 4 自我导思卡

主题二　专业发展自觉

专业发展自觉对教师而言是一个永恒的话题，是教师整个职业生涯都需要为之奋斗的重要目标。对职初教师专业发展来说，其重要性更是不言而喻。然而，提升专业素养是一个涵盖范围很广的命题，对处在不同专业发展时期的教师有不同的要求。职初教师专业素养提升的目标、内容以及相应的载体构建等，应当针对这一阶段教师的职业特点和专业发展的需求，引导他们朝着既定目标努力奋进。

教学反思是助力教师成长的秘籍

 【情境描述】

小周是一名入职五年的教师，经过几年的实践，他熟悉了教学的基本常规，努力探索创新教学。他一直在思考如何快速提升自己的教学水平，看了不少教学理论书籍，认真参加各种研修，然而总觉得自己进步不大。老教师提醒小周，建议他从写教学反思入手。对于老教师的建议，小周将信将疑。教学反思真的有这么重要吗？

 【释疑明理】

美国学者波斯纳曾说："没有反思的经验是狭隘的经验，至多只能形成肤浅的知识。只有经过反思，教师的经验方能上升到一定的高度，并对后续行为产生影响。"职初教师经过熟悉教学常规和教学过程的阶段后，逐步进入不断从感性

认知上升到理性思考的阶段,而这一阶段显然比熟悉教学常规和教学过程需要更多、更深的实践积累和理性思考,需要更强的专业自觉引领教学实践。教学反思对职初教师来说,是不可或缺的重要策略。反思的本质是"发现",暴露问题、研究问题,在解决问题中自觉成长。从这个意义上说,教学反思是帮助职初教师克服职业倦怠,加快专业成熟的秘密"武器"。

 【迷津指点】

1. 教学反思有助于教师不断审视教学行为

职初教师的要务是熟悉教育教学的基本规范,然而这仅仅是职业的起步和开端,职初教师由于教学实践不够和体验较少,往往对自己的教学实践缺少应有的认知。倡导职初教师多一些教学反思,就是引导职初教师在实践中经常看一看自己走过的路,想一想自己的教学行为有哪些成功之处,以及存在哪些缺憾乃至错误。教师如果只是忙于应付,或者每天只是简单地重复教学行为,就不可能对自己的教学实践有清晰的认识,也无法对自己的教学行为做出正确的判断。教学反思要求教师在步履匆匆的行进中稍作停顿,看一看,想一想,对自己的行为有新的发现和思考,从而不断改进教学行为。

2. 教学反思有助于教师不断走向卓越

要缩短教师的成长周期,让教师不断走向卓越,教学反思是重要手段。因为对教学实践进行再认识意味着需要有比较、有分析,需要学习相关的理论。如果教师能在教学实践中不断伴随着这样深入的思考分析乃至主动学习,又何愁专业水平不能有效提升。这也正是不少教育专家把教师成长概括为"优秀教师=教学实践+反思"模式的原因所在。此外,这种常规的教学反思不仅能促进教师对教学实践进行再认识,还有助于职初教师不断增强思考问题的意识、追求高效实践的思想方法,这是优秀教师必备的重要素质。

3. 教学反思有助于教师不断激发进取活力

职初教师养成良好的教学反思习惯,就能通过教学回顾和分析,看到自己教学中的进步与不足,发现自己当下的教学与见习期相比所发生的变化。看到了发展,看到了问题,也就意味着有了进步的方向,从而增强自己在教学方面持续努力的动力。在进行教学反思时,不妨重温曾经学过的教育教学理论,从理论的角度观照自己的教学实践,思考和分析有无违背教学规律的地方。例如:是否注意到学生特定年龄的心理现象,是否关注到学生不同的性格差异和认知水平等。这些都涉及重要的教育基本原理。从这个意义上说,养成研读教育教学理论的习惯的重要价值之一就是能够不断增强教师终身学习的意识。

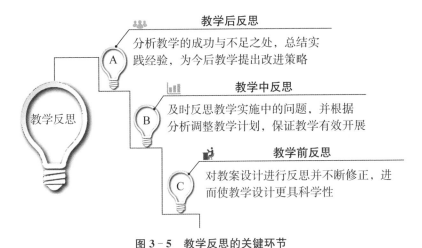

教学后反思
分析教学的成功与不足之处,总结实践经验,为今后教学提出改进策略

教学中反思
及时反思教学实施中的问题,并根据分析调整教学计划,保证教学有效开展

教学前反思
对教案设计进行反思并不断修正,进而使教学设计更具科学性

图 3 – 5 教学反思的关键环节

教学反思到底应该"思"什么

 【情境描述】

小陈老师近期在学校开了一节公开课,课后带教导师和组内同事对这节课进行了点评。根据大家的建议,小陈老师写了一份教学反思。带教导师在肯定小陈老师进步的同时,也与她就怎样进行教学反思进行了探讨。小陈老师提出了自己的困惑:该从哪些方面进行教学反思? 教学反思到底应该"思"什么?

 【释疑明理】

要进行有效的教学反思,除了明确对象之外,还需要选择相应的策略和方法,这是教学反思的必备条件。教学反思必须遵循的原则是:选择何种策略和方法要由反思的内容来决定,换句话说就是策略和方法必须服务于相应的反思内容。例如,可以围绕教材的单元主题进行反思,围绕教研专题进行反思,围绕同行评价进行反思,等等。简而言之,只要通过策略和方法的运用能够对自己的教学实践进行科学深入的分析思考,并从中获得启示和效益,都是有效的手段。教学反思的策略和方式多种多样,但是不论采取何种策略,加强理论学习、提高理论修养都是先决条件。通过恰当的策略和方法,才能使教学反思产生积极效应。

【迷津指点】

1. 围绕教材单元主题或单元目标进行反思

运用这种方式进行教学反思,可以将反思对象由一节课扩展至几节课,通过一个专题来统领对几节课或某个阶段教学的分析研究。这样能把零散的教学随感进行归整,让教师从系统的角度重新认识自己的教学,逐步提高整体把握教材的能力。

2. 围绕教研专题进行教学反思

教研专题可以是教研活动的某个专题,也可以是全校性的研究专题。一般而言,学校或教研组的公开教学活动都会有教研主题,学校为推进某个项目研究而组织的教学活动也都有具体的研究主题,如果在这些活动中承担了教学任务,则须结合相关的研究主题进行教学反思。这类教学反思通常都有明确的研究方向,能促进教师的教学在某一方面明显提升。与此同时,运用这种反思策略是教师从某一坐标出发观照自己的教学,就自己的教学与研究主题之间的必然联系以及效果呈现进行细致深入的分析,从而加深对研究专题的理解,有效增强自己对教学实践如何遵循科学规律的认识,提高科学施教的自觉性。

3. 围绕同行评价进行反思

听课、评课是学校教师开展教研活动的常见形态,这也是进行教学反思的有效方式。教师开公开课之后,应重视校内外同行对自身教学的评价和分析。这种与同行进行交流探讨的教学反思,有助于从不同视角来分析教学,打破教师对自身分析的思维定式。另外,还可以通过比较来进行教学反思。例如,通过观摩同行的课来对比分析自己的教学,从中发现自己和同行之间的差异,并进一步思考:相比之下自己的教学有哪些成功之处,有哪些明显不足,应如何改进等。

4. 在与自我比较中进行反思

将当下的教学与以往的教学进行比较,也不失为一种有效的教学反思方式。对同类课题的内容,当下的教学和以往的教学是否有变化? 如果有变化,则应从教与学两方面来分析。教的方面发生的变化哪些产生了实效,哪些变化并未带来教学效益的提高? 对学生学习的变化,则要从兴趣、态度、方法等方面进行分析评估,由此思考引起变化的原因是什么,以达到对教学的重新认识。如果当下的教学与以往的教学相比没有任何变化,则应从主客观两个方面来分析原因。从主观来说,没有变化的原因可能涉及教学研究的能力、学习主动性以及进取精神等。从客观来说,一般会涉及时间、技术以及环境等。其中,主观因素是重点,教师要把对主观因素的剖析放在教学反思的首要位置,认识自己在教学上的优势与不足,为专业发展确立奋斗的方向。

教学反思的锦囊妙计

 【情境描述】

小陈是一名参加工作四年的职初教师。在近四年的工作中,小陈有多次教学展示的机会。每次教学展示后小陈都觉得教学环节很顺,没有突发事件,自我感觉较好。然而,在课后的研讨中其他教师却总能指出很多问题。例如,某次活动后,有教师指出她活动的设计有问题,有教师觉得师幼互动的环节还可以更靠后。小陈不知所措,感到很沮丧,不知道该从哪些方面来反思自己的教学过程。

 【释疑明理】

小陈的困惑并不是个例,是很多职初教师都可能遇到的。职初教师还没有积累起丰富的教学经验,往往不知道该从哪些方面对自己的教学行为进行评价与反思,经常会遇到类似小陈这样的困惑,即自我感觉与外部评价相差甚远。其实,这在职初教师中是很常见的现象,职初教师不必太过沮丧,这是突破自己的必经之路。并不存在一节十全十美的好课,职初教师只要在每一次活动后都认真地进行反思,就能在教学设计与实施的路上前进一小步。了解如何更有效地进行教学反思,是教师帮助自己进行实践调整的第一步,职初教师可以从以下几个方面进行更有效的反思。

 【迷津指点】

1. 对学生的发展是否有价值

对一次教学活动的反思仅仅从教学环节是否顺利来进行评价是远远不够的,教师不妨从教学的价值开始对教学活动进行深入的反思。每实施一个教学活动后,首先要思考的是:这个活动对学生的发展是否有价值,在哪些方面有价值,活动目标的设定是否指向了学生的和谐发展,活动目标的设定是否符合学生的年龄特点与已有经验等。如果一个活动从一开始对学生的发展就是无意义甚至是有害的,那么整个活动的价值取向就有问题。

2. 活动设计是否合理

考虑好活动的价值问题后,就应该反思活动的设计。教师可以从学生的表现出发,围绕以下问题进行思考:活动环节的设计是否紧紧围绕目标展开,每个环节之间的关系是什么,环节的设计是否体现了递进性与层次性,活动设计是否既符合学生的现有水平又富有一定的挑战性,从活动的情况来看教学材料的提供是否适宜,教学材料可以做出哪些调整等。教师只有先调整好活动设计,才能发挥活动对学生的发展作用。

3. 师生互动是否有效

好的师生互动是教学活动的灵魂。教学是师生对话、互动的过程,教师的情绪、举手投足间的动作、对学生和教材的理解以及对教法和教具的运用等都直接影响着教学的质量。教师可以反思是否通过有效的师生互动促进了学生的学习和发展,达到了预期学习目标。学生在师生互动中的参与度如何,教师在师生互动中的角色和指导方式是否契合学生的发展特点,是否引导他们主动思考和思维形成,是否起到了激发学生学习兴趣的作用。

图 3 - 6　教学主张的形成

做一只聪明伶俐的"三脚猫"

 【情境描述】

小李老师刚刚大学毕业,对专业技能,如弹唱跳画等也有一定的基础。满腔热情的她工作两个月后,开始不自信了,心中充满疑惑:"我会弹会唱,可是不知怎么教小朋友唱歌。是我弹唱水平的问题吗?""画画是我的弱项,每次布置环境时脑子里一点想法都没有,很头疼!""我讲的故事为什么不像其他老师那样吸引孩子?"

 【释疑明理】

许多刚毕业的教师跟小李老师一样,在大学里进行过弹唱跳画等方面的学习,但却不会借助唱歌、跳舞、绘画等形式来促进幼儿的全面和谐发展。幼儿教师虽然不是钢琴家、舞蹈家和画家,但从某种角度上说应是一名"魔术师",应不断地利用自己掌握的技能带给幼儿惊喜。在实际工作中,教师只有把实用性、多样化与科学性三者结合起来,才能最大限度地发挥弹唱跳画等技能的作用,变幻出无穷的"魔术",为教学实践锦上添花。

【迷津指点】

1. 扬长避短,熟练运用并结合教学方法

幼儿教师不仅要灵活运用弹唱跳画等技能,还应掌握幼儿教育的各学科知识和教法,具备将所学知识以适当方式传授给幼儿的能力。虽然提高技能技巧的水平绝非一朝一夕能够达成,但可以通过学习并运用多种教学方法来弥补技能技巧方面的缺失。例如,在弹唱技能方面较薄弱的教师,可以尝试运用一些比较完整的音乐教学法,如铃木教学法等,对幼儿进行音乐启蒙。总之,教师应积极创设有利于促进幼儿自主学习、自主探索的空间,站在儿童的视角设计活动,捕捉他们的行为和想法,在观察—实践—反思的循环实践中不断发展。

2. 作用发挥,将专业技能渗透到一日活动的各个环节

一日活动的设计与组织,通常需要教师运用熟练的绘画、弹唱、故事讲述、舞蹈等专业技能,并将这些技能灵活有效地纳入一日活动的设计方案中,实现教育功能的最大化,促进幼儿身心健康全面发展。例如,教师在创造美的教育和生活环境的同时,可将发展幼儿的美感和对美的表现力贯穿于幼儿的游戏、学习、生活、运动等各环节;在一日活动的各个环节,利用美妙的音乐、富有节奏的儿歌、充满童趣的图符使幼儿感受生活中的美,顺利、愉悦地进行活动。

3. 查漏补缺,不断提高自己的技能水平

虽然在平时的教学活动中许多技能可以用多媒体代替,但是对幼儿来说,教师边弹边唱的教学形式一定比听电脑里播放出来的音乐更具有吸引力和震撼力。因此,教师在工作中要查漏补缺,了解自身在哪些方面存在不足,在哪些技能上比较弱势,然后利用业余时间勤加练习。同时要积极参加各类教学技能比赛,和其他教师切磋技艺,不断提高自己的技能水平。

【工具百宝箱】

图 3-7　有效评课

主题三　提高研究水平

从关注教师的教转为关注学生的学，是课程教学改革的重要理念，也是教育顺应时代发展的必然选择。职初教师的专业磨砺同样需立足于时代发展的背景，以先进的教育理念指导自己专业成长的实践。实践表明，只有充分研究不同年龄学生的认知特点和学习水平，才能使教师从更广的视角、更高的境界审视自己的专业发展，深刻认识教与学的本质。

陪伴中的唤醒

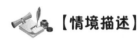 【情境描述】

小王老师是一名艺术特色高中的语文教师，也是一名年轻班主任。在他担任班主任的第二年，班上的小义同学发生了一些变化。高一时的他活泼开朗，语文学习积极，学校的各项活动他都会主动参加，但进入高二，随着学习难度的提升，小义的学习兴趣非常低沉，上课睡觉、迟到成了常态，更不用奢求他会按时交作业。面对这样的情况，小王老师尝试在课堂上让小义多发言，帮助他找回以前的状态，但小义的回答总是牛头不对马嘴，离题千里。小义的变化让小王老师感到疑惑、不解。

 【释疑明理】

小义曾是一个非常喜欢语文且积极参加学校活动的学生，但进入高二后学习难度提升，学习时间自然需要增加，小义在这样的变化中没有及时适应，加之语文课文逐渐变难，需要对历史背景、文字表达有更深的理解，于是小义产生了"退缩"的状态。学生行为发生变化都有其深层原因，教师需要从学生的不同性格特点切入，从学科的育德特性出发进行引导，用润物细无声的方式来走近学生、鼓励学生，把学科的特性和德育工作融合起来，以促进学生的"自我觉醒"，而非"耳提面命"。

 【迷津指点】

1. 体察学生特点，顺应学科特性

首先，教师要通过对学生的观察找到合适的切入点，学生出现较大变化时，其内部原因需要时间来细致判断。小王老师在既是班主任又是学科教师的双重身份加持下，会更容易发现这个原因。比如，小义的特点是喜欢语文、喜欢表演，教师可以在环境和课堂允许的条件下，用课本剧排练的形式向学生发出邀请，顺应其喜好，打开他沟通交流的通道。其次，教师可以选择合适的文本作为触发点。语文在学科德育中有很大的天然优势，一旦学生开始思考如何把课文的内涵表现出来，往后的德育过程便是"顺水推舟"了。

2. 适时提供任务，促进自我实现

德育的"顺水推舟"并非"放养"式的，也不是"拉动"式的。职初教师容易在激发学生内驱力的过程中过于着急。如果适时提供一些小任务，让学生自己解决，虽然结果可能会不尽如人意，但学生自己解决问题的过程是弥足珍贵的，会让学生感觉到自己"被需要"，进而产生改变的动力。例如，在语文课本剧的排练中，有一段介绍历史背景的台词直接选择用课文下的注释，但小义主动提出这段台词不太生动也不简洁，于是小王老师便给了他一个修改台词的任务，第二天小义大方而自信地向大家介绍新台词，在同学和老师的掌声中，小义的欣喜与热情溢于言表。其实这就是一种自发的改变，也是小任务下的自我推进。当然，任务的数量与难度还须结合学生的性格特点来制定，而且教师更要注重任务完成后的实时反馈，关注学生完成过程中的情况，让学生在自我与外界两个方面都有获得感。

3. 抓住德育契机，在陪伴中静待学生醒来

德育契机是一个比较感性的说法，通常需要教师有敏锐的观察力，对学生有

全面的了解,以及有愿意花时间陪伴的耐心。德育需要缓慢酝酿,又需要恰到好处的吹拂、助力。教师只是一片保持距离的云,一直陪伴但又适时出现进行"提点"。作为职初教师,如何找到德育契机并保持陪伴的心态进行观察是很重要的。学生的改变不会一蹴而就,高中阶段的学生更是需要教师保持一定的距离、花费一定的时间,在陪伴的过程中观察学生的自主意识,在课堂教学或日常活动组织中创设德育载体,充分尊重学生的想法,通过适当的沟通与观察,通过小任务的累积与反馈,给德育以充分的时间去浸润,从陪伴做起,静待学生醒来。

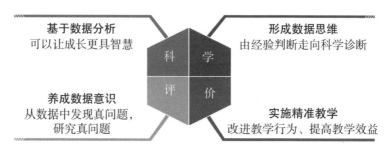

基于数据分析
可以让成长更具智慧

形成数据思维
由经验判断走向科学诊断

养成数据意识
从数据中发现真问题,
研究真问题

实施精准教学
改进教学行为、提高教学效益

科 学 评 价

图 3-8　基于数据的教学评价

我的课堂为什么学生不说话

 【情境描述】

小陈老师一直很羡慕师父的课堂,师生、生生互动非常流畅与自然,围绕着一个个问题展开,学生回答问题大胆、自信,讨论交流也很主动且有理有据。但她自己的课堂常常是一个人的独角戏,学生总是不"说话",启而不发,课堂气氛很是沉闷。然而这些学生在语文课上的表现却异常活跃。她百思不得其解:难道是自己的教学方法有问题吗?

 【释疑明理】

课堂上学生能否主动发言很重要,这不仅意味着学生的学习主体性是否真正显现,也意味着是否真正实现了学习生成。教师应更多地鼓励学生主动探索,积极发言,通过预设情境和提出好问题,帮助学生发展思维能力。针对课堂上学生"不说话"的现象,教师需要弄清原因并寻找有效的解决办法。如果课堂上没有设计一些能够引起学生思考讨论的问题、如果没有创造学生参与互动交流的条件、如果设计的问题脱离了学生的认知实际,学生也将无话可说,无从参与,其结果只能是教师一人唱独角戏。所以,学生能否主动发言,关键在教师。教师应有效引导,使课堂真正成为师生智慧激发、思维碰撞的场所。

 【迷津指点】

1. 课前是否精心备课

教师只有时时了解学生的学习情况,并提供相应的帮助,才能使课堂教学有更多的学生参与进来。每次教学活动后,建议教师可以聚焦以下问题展开思考:我的课前准备工作是否充分,准备的学习资料是否有效,学情分析是否准确,教学目标的设计是否适切,哪些过高了,哪些太低了等。比如,备课是否充分考虑到了"备学生",是否了解学生的学习情况。教学是"教"与"学"的统一,教师如果只顾自己的"教"而不管学生的"学",较少考虑学习内容是否贴近学生的认知起点,以及学生是否已经有了相关的知识和生活经验,就必然无法让学生在课堂上积极参与教学过程。

2. 课堂是否充分体现以学生为本

如果教师长期习惯于唱独角戏,不注重引导学生思考发言,学生当然不会发言。如果教师对学生的不同见解、错误回答一直持批评的态度,久而久之,学生也不愿参与到课堂教学中来。建议教师可以聚焦以下问题展开思考:学生哪些关键能力得到了发展,学生对学习活动的情感体验如何,学生对学习内容是否感兴趣,学生是否积极投入学习活动,活动设计是否体现学生"做中学"等。如果教师没有精心准备让学生积极参与课堂教学的活动设计,不能灵活运用多种教学方法,不善于根据不同的教学内容和学生情况创设不同的教学情境,不能让学生学得快乐、学得有兴趣,学生就很难在课堂上积极发言。

3. 教学是否关注到每一位学生

学生不主动发言的原因,其一可能是"不知该说什么"。比如,学生的思维始终无法进入该学科问题思考的情境,无法对问题进行分析和判断,自然也就不知道该说什么。其二可能是"无话可说",主要原因是对所要探讨的学习问题还缺乏理解和发现。这可能跟学生课前的准备不足或缺乏生活经验有关。其三可能是"怕说错"。这可能和学科教学内容的难度有一定关系。当然,学生出现的这些问题,还是与教师的理念和实践有密切关系,最终要通过教师的观念和策略的转变才能得到解决。建议教师可以聚焦以下问题展开思考:设计了哪些学生活动,设计的目的是什么,对学生的问题给出的回应是否有效,哪些教学活动取得了很好的效果,教学活动中是否关注到每一位学生,是否兼顾学生差异等。

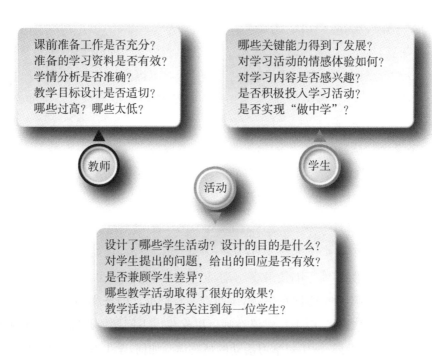

图 3-9 教学活动开展小贴士

"真"问题研究的成长故事

【情境描述】

吉老师是一名教龄满五年的高中英语教师,他善思考,有追求,经过自己的勤奋努力,成功入围了区域"菁英教师"。作为学员,首先要完成的任务就是确定两年的研究主题,设计课题研究方案。吉老师对课题研究一头雾水,他绞尽脑汁,脑海里出现的就是"英语阅读或词汇研究""英语教学有效性研究"等一类的词。应如何有效开展课题研究,他"丈二和尚摸不着头脑"。

【释疑明理】

入职 4—5 年的教师对工作的感性认识逐渐上升到理性认识,在这个阶段,能否成为有思考力的"研究者"对下一阶段的专业发展起着决定性的影响。面对纷繁复杂的教学现象,教师要做一个有心人,善于在习以为常的现象中发现问题,探寻问题背后的原因,多问"是什么"、多想"为什么"、多研"怎么办"。开展课题研究,目的是增强问题研究意识,掌握基本研究方法,经历教育研究的学术训练,不断提高问题解决能力,以科学的态度审视教育教学现象。能够发现问题,分析问题,进而提出问题解决的方法或策略,这是加快职初教师专业成熟的关键路径。

【迷津指点】

1. 学会质疑,在日常教学中找问题

青年教师要善于学会质疑,多观察教育教学现象,注重在日常教学中找问题,研究问题应切口小、具体且明确。为了找到研究的"真"问题,吉老师通过访谈、问卷以及观察等科研方法对自己近年来在高中英语阅读教学中遇到的常见问题进行了梳理,从解决一个个小问题入手,结合新课标理念落实,他由最初脑海里浮现的"英语阅读或词汇研究""英语教学有效性研究"入手,最终确定了主题为"基于新课标的高中英语阅读评价设计"的研究课题,开启了课题研究的旅程。

2. 善于思考,在因果关系中找原因

职初教师凡事要多问"为什么",弄清楚是哪些原因导致了问题的发生,以及这给教学造成了什么困扰,厘清教育教学现象应然与实然之间的原因所在。研究期间,吉老师遇到最大的困难就是测量题目的设计。明明是同一个测量题目,为什么不同的教师会觉得它的评价指向不一样?经过实践研究,吉老师恍然大悟,原来这不是测量的问题,而是教师对新课标的理解和实际教学方法的问题。比如,对于新课标中水平二的描述"能理解语篇成分之间的语义逻辑关系",如果教师在教学中说"看到 because 和 so 就是因果关系",那么在阅读中教师就会认为这考查的是学生的识记能力,在写作中学生也许就会写出"I like going to the park, because it is Sunday"的句子;如果教师让学生理解什么叫因果关系,再配合 because 和 so,甚至拓展到 consequently 和 hence 等,那么在阅读中教师就会认为这考查的是学生的识别和应用能力,在写作中学生也就会写出因果关系的句子。因此,随着课题研究的推进,吉老师对教材的处理和课标的理解越来越深刻,教学的有效性也自然得到了提升。

3. 研究习惯,在探寻规律中做研究

养成良好的研究习惯是提高研究能力的重要条件,职初教师要结合自己的经验基础和能力水平开展自己力所能及的研究。吉老师在课题研究过程中,逐渐从研究意识走向研究习惯,收获了成长,经受了历练。例如,他会有意识地观察学生的听课表情和状态,捕捉他们哪些是真懂了,哪些是没懂装懂,对哪些内容是感兴趣的。这是观察的习惯。又如,除了英语作品之外,他会阅读心理学、教育学、社会学等方面的书籍和教育政策,学习经典理论和最新成果,调整他人的量表和做法,并将其运用于自己的教学中。这是学习的习惯。再如,在作业或测试题中,针对学生错误较多的题目,他会思考自己的教学是否讲清楚了,有时会设计另一个变式作为巩固或第二次的测试。这是反思的习惯。除此之外,吉老师还会尝试新的教学手段并跟踪学生的反馈,在日常教学中将学生的学习表现、教材的教学难点、新的教学手段以及考试的数据反馈作为一个个问题去研究,在反思中发现教学规律。这就是问题意识。正是在这种问题意识的磨炼下,吉老师在教科研方面取得了较大进步,成为"区级科研流动站"的成员。他将这

种研究意识和研究习惯融合在教育教学中,带着问题走进教育的实验地。

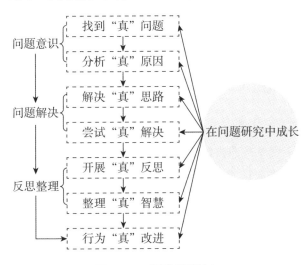

图 3-10　"真问题"研究

做有学习力的小海绵

【情境描述】

小张是一名职初教师。实习时,她在大班进行观摩与学习,帮着带教导师进行主题环境的创设。正式工作后,在主题环境创设时,她把以前实习时的环境与内容照搬到现在的教室里。搭班教师在观察了一段时间后与她交流:每个班级的孩子都有不同的特点,同样的环境与活动内容是否适合不同班级的孩子?

【释疑明理】

在工作中,职初教师由于经验不足,常常会用以前的方式方法或对老教师的经验进行照搬,渐渐失去主动学习与思考的能力。对职初教师而言,应该像一块有生命力的"小海绵"一样,在不断的自我学习、自我反思、自我评价中成长。教师在学习不同的教育教学行为后,针对自身的教育教学进行自我反思,要充分认识自己的优势和不足,从而有效地进行自我评价。作为职初教师,在执教过程中需要形成学习—反思—评价—改进—再评价—再改进这样周而复始的良性循环机制,帮助自己更好地提高自身的专业教育能力。

【迷津指点】

1. 善思善问,学习他人的有效方法

职初教师应多观摩成熟教师的优质活动,从活动设计、活动实施乃至活动执教者的活动后说课都应认真记录。在观摩记录的同时,教师要多思考和学习。比如,这个活动的设计一般,可为什么活动中的师生互动可圈可点?这个活动的各个环节设计紧扣目标了吗?这个活动中,教师提供的操作材料是否考虑到了不同能力孩子的需求?对职初教师来说,应通过不断实践效仿,扬长避短,将它们转化成自身的优势。

2. 勤于反思,提升自身的专业素养

对职初教师来说,自我反思是对自身教育行为和效果的分析思考,是提高自身专业素养的基本途径。对刚入职的青年教师来说,集体活动的可控性强,是进行自我反思最方便的载体。集体活动的教案记录了教师的设想,在撰写目标与环节的基础上就可以开始进行反思,对活动的目的、步骤和效果加以分析,能够有效提高之后的实施效果。活动实施后,可以通过反思发现原有的设计与具体实施的矛盾,进而找到活动中的问题。

3. 研精毕智,找到有效的评价策略

对于学习与反思,大部分职初教师在工作中都能进行,但往往流于对表层现象的思考。例如,非常在意自己的备课与实施效果,但很少触及或是忽略了对自己教育行为的评价。而且评价是需要过程性的,不能只是总结性的评价。以集体活动的实施为例,首先要评价教学目标的适切性,包括对教材的深入了解和对活动重难点的把握;其次是对活动过程的评价,包括环节设置是否合理、材料投放是否科学等;最后是评价师生互动的质量,如对话是否契合预设目标。

【工具百宝箱】

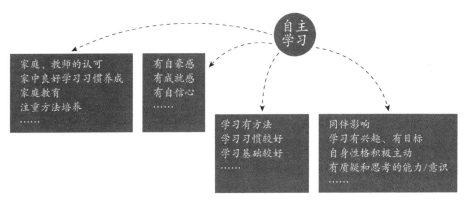

图 3‑11　学生自主学习表现

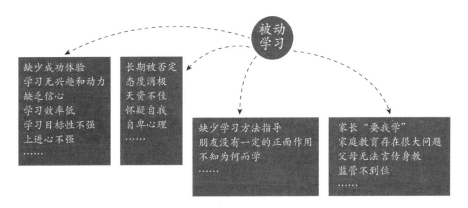

图 3‑12　学生被动学习表现

主题四　加速升级发展

研修是促进教师专业发展的重要策略,职初教师从岗位胜任达到专业优秀,自我研修和高质量的团队研修无疑是重要保证。其中,专业发展水平较高的职初教师,通过组织实施团队校本研修的实践历练,可以在教师专业发展方面产生更大的辐射效应。

发现有价值的教研主题

【情境描述】

小李老师入职五年来表现出色,本学期学校安排他担任语文教研组长,他很是欣慰,信心满满,干劲十足。开学初,学校进行了教研组校本研修主题研讨活动。研讨时,大家普遍认为语文教研组的教研主题没有从教学实际问题出发,主题不够鲜明,针对性不强。这引发了小李老师的深入思考:应该如何确定教研活动主题?

【释疑明理】

开展有效研修活动的关键是教研主题的确定。教研主题应以"源于实际需求,解决实际问题"为原则,与学校的持续发展和教师的专业发展息息相关,是学校管理者和教师在日常教育教学工作中亟须解决的"真实"问题。基于校本研修的教研主题的产生并不是空穴来风,它不同于一般的话题和问题,必须有一个系统的、科学的分析过程。可以从教学问题诊断、教师发展需求、教学行为改进以及学科建设发展等多个视角梳理提炼教研主题。

 【迷津指点】

1. 从"现状调查"中来

可以通过调查问卷、教师座谈以及问题咨询等途径,全面了解学科教师专业发展过程中存在的主要问题、希望突破的瓶颈等,为形成研修主题提供现实依据。一是可以从问卷调查中梳理出亟须解决的关键问题、关键事件,在此基础上提炼教研主题。二是通过座谈,让每位教师提出一至两个具有研究价值或感到困惑的问题,或提出一个具有独特见解的问题。这些问题可以是自己对教材的理解,也可以是对学生的分析或课堂实践等。三是可以组织教师通过教学回顾以及问题梳理等途径,提炼出有待进一步研究的教研主题。让教师回顾反思自己的教育教学实践,总结经验,然后提出下阶段有待进一步研究的问题,并在教研组活动时进行分享交流。教研组对教师分享的经验和问题进行汇总,聚焦关键问题,进而确定本学期的教研主题。流程可以是:问卷调查、座谈及回顾反思等—梳理存在的问题或困惑—分析主要原因—亟须突破的瓶颈问题—提炼教研主题。

2. 从"课堂实践"中来

教研活动是以校为本、解决实践问题的研修活动,因此教研主题的确定必须强调是教育教学中的"真实"问题,致力于教师行为的改进。由此,教研主题应从现实课堂中来。可以确定观察课例,编制观课相关量表,通过课堂观察,客观、真实地记录教师课堂教学行为、学生学习行为,发现其中的问题。通过教研组研讨分析,提炼出下一阶段亟须解决的关键问题,为形成教研主题提供依据和参考。流程可以是:确定课例—编制观课相关量表—观察课堂师生行为—梳理问题—提炼研修主题。

3. 从"学科发展"中来

分析教研组学科建设的经验、发展瓶颈以及团队现状,对标学校的发展规划、办学愿景及其对教师提出的核心要求,解读课程标准,从中寻找差距,形成有研究价值的教研问题,以此推动学科发展。流程可以是:学校发展规划和办学目标—教研组学科建设现状—对照课标寻找差距—提炼与本学科相关的问题—提炼教研主题。

适切性：
与教师内在发展需求相结合

针对性：
与教育教学问题解决相结合

确定教研主题

有效性：
与学校发展愿景相结合

图 3-13　确定教研主题的原则

不要让教研活动变成"吐槽会"

【情境描述】

小王作为学科教研组长，每周都要组织教研活动。他发现教研活动经常会变成对近期教学工作任务布置的"通气会"，或是教师相互抱怨的"吐槽会"。教研活动上对学科教学的研究讨论深度不够，教师兴趣不高，教研活动成效不明显。这些问题给教研组长小王带来很多困扰：应如何走出教研活动形式化的怪圈，提高教研活动质量？

【释疑明理】

教研组作为学校研究教学问题的组织，是学科建设最基本的阵地，搞好教研活动，不仅能为教学工作提供研究基础，也能为教师专业成长提供支持，是帮助教师形成专业归属感的有力保证。教研组长作为教研活动的策划者和组织者，应建立良好的校本教研运行机制，深入思考：活动需要解决什么问题，通过什么组织方式，希望达到什么效果等。把解决教育教学问题和教师的专业发展有机统一，把问题解决的过程变成教师专业发展的过程，切实发挥校本教研的基础作用。

【迷津指点】

1. 精心准备研讨活动材料

在确定教研活动主题后,教研组长要明确本次教研活动希望达成的目标,搜集与该主题相关的资源,包括人员配备、环境布置以及信息资源等。活动前,可以让参与者事先了解本次教研活动的目的、环节安排和需要完成的具体任务,激发教师的参与兴趣和热情。精心准备教研活动所需的材料,如教学课例、课堂学生活动观察表、教研活动提示卡、研讨记录表以及相关资源等。要对资源的运用做出合理计划,如哪个环节引用哪些资源、以什么样的形式呈现、希望达到什么效果。

2. 营造积极开放的研讨氛围

教研组长在教研活动中起着非常重要的组织与引导作用,应积极创建开放的研讨氛围,确保每个人都能参与讨论。可适时提供必要的深度汇谈的方法或工具(如"世界咖啡"深度汇谈法、GROW 对话汇谈、ORID 焦点汇谈法等),保持研讨过程始终聚焦主题,有序展开各项活动。要设计合理的研讨流程,如以什么方式导入、第一环节是什么、第二环节进行什么、活动之间如何衔接、后续活动如何延续等。同时,明确人员分工及任务,关注到每一位教师,如活动主持人、经验分享者以及活动记录者等,各个角色可以采取教研组长分配或自愿认领等方式确定。这样,可以使每位教师在任务驱动下,主动参与教研活动。

3. 及时分享教研成果

每次教研活动都应落实专人对活动过程进行记录,活动后应及时对教研内容进行整理、汇总和提炼,对大家的疑惑和问题做出回应,梳理教研成果,如课例、教师发言、专家点评以及影像资料等。与此同时,做好反思回顾,如活动设计与实际操作之间的差距、教师参与活动过程的状态表现、活动过程的环节衔接是否有序、活动效果是否达到预期目标、形成了哪些有利于教师专业发展的工作建议、哪些问题还未得到解决等。最好能以书面形式分享给组内的每位教师,引导教师做好教研反思。

4. 收集教研活动反馈意见

这是提高教研活动实效性的关键所在。每次教研活动后,教研组长应及时收集教师参与本次教研活动的反馈意见。引导教师针对教研主题选择是否精准、活动过程安排是否合理、资源提供是否有效等内容进行反馈。反馈方式可以灵活多样，如会后教师座谈、访谈、设计调查问卷或填写意见反馈表等，多途径收集反馈信息。同时，确定后续的跟进内容，如制订行动方案、形成教研报告等，明确下一阶段的教研主题。

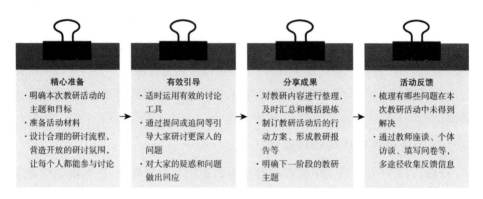

图 3-14　有效教研活动流程

我的计划接地气

 【情境描述】

开学第一个月王老师就开始苦恼，因为又要写保教计划了，有些问题萦绕在王老师的脑海中，他百思不得其解。明明写得好好的计划真到实际现场又是另外一回事；计划似乎考虑很周详，可一到现场还是会懊恼有些细节考虑不周；明明目标明确，可幼儿的表现并不是预期的那样。保教计划要写吗，怎么写才是有用的、接地气的？

 【释疑明理】

王老师的烦恼就是要面对自己认为美好的计划与残酷的教学现实之间的

落差。在幼儿园的一日活动中,课程的设计、计划的制订至关重要。尤其对经验尚不丰富的职初教师,教学计划能为课程实施打下坚实的基础。一份好的计划需要综合考虑幼儿的个体差异和发展需求,注重实践和体验,形成有效的家园合作模式,为幼儿提供健康成长的环境。一份好的计划应有利于教学活动与一日生活的各个环节融合并发挥更大的教育功能。如何撰写一份实用且接地气的计划?建议教师可以从以下几方面进行思考。

 【迷津指点】

1. 幼儿需要什么

不同班级的幼儿,甚至是同一班级的幼儿都是不同的,教师在制订教育活动计划时应综合考虑儿童的需求、目标、活动、家园合作等,使其保持在"最近发展区"内。因为各领域本身的逻辑结构和儿童发展的规律往往是不平行的,甚至会存在一些矛盾,因此教师应把了解幼儿放在首位。虽然职初教师的实际经验有限,对幼儿的了解程度不够,但希望在该计划的实施下,幼儿能够达到什么样的发展水平和能力,幼儿的语言特点是什么、认知特点是什么、情感特点是什么等,这些问题都是教师在写计划之前必须要思考清楚的,这样才能确保计划的有效性和可行性。

2. 你能给幼儿什么

制订保教计划是确保幼儿获得健康成长的重要步骤,具有可操作性是保教计划的基础。首先,教师必须了解班级幼儿所处的年龄段和发展特点,包括他们的兴趣、爱好和学习能力等,以确保计划制订的针对性和科学性。其次,明确保教计划的目标和期望结果,可以聚焦幼儿的运动、智力、情感、社交等方面的发展。再者,根据目标制订活动计划,围绕体育、艺术、科学、社交等不同领域,设计丰富多样的学习活动,以激发幼儿的好奇心和求知欲。通过故事、游戏和示范等方式,培养幼儿的道德品格和价值观,形成良好的行为习惯和价值观念。此外,要关注幼儿的情感和心理需求,帮助他们建立积极的自我认知和情绪管理能力。

3. 你怎么给幼儿

教育活动应尽可能与个体和群体幼儿的特质相符合。不同年龄幼儿之间是有差异的。例如,小班幼儿可能更偏向趣味性,那教师就可以设计真实的生活情境让幼儿尽情感受;大班幼儿可能更具有挑战性与变通性,就可以通过幼儿独立思考、质疑、碰撞、验证等手段设计并创设幼儿之间的合作和分享等活动,给予幼儿更多的收获。

影响你专业发展的主要障碍有:
_____

你在开展学科教学中主要存在的问题是:_____

你最希望开展哪些方面的学科问题研究:_____

你迫切希望得到提高的学科素养是:
_____

你希望参加的校本教研活动主题是:
_____

对于学科发展,你认为教研组需要突破的瓶颈问题是:_____

图 3 - 15 教研主题需求调查示例

校本研修因真实而精彩

【情境描述】

小曲老师担任数学教研组长快一年了,本学期开学,他根据学校要求,制订了本学年教研组的校本研修方案。但在组内进行校本研修方案研讨时,伙伴们提出了不同的意见,大家认为校本研修的主题不明确、活动设计没有紧扣研修主题进行、活动之间没有关联性和递进性、研修评价操作性不强等。这让小曲老师感到压力很大。校本研修方案拟定时究竟应该关注哪些关键问题?

【释疑明理】

校本研修是促进教师专业发展最直接、最有力的支撑,是提升教育内涵的有效途径。它以解决学校教育教学中的实际问题为出发点[①],依托学校自身的资源优势,由学校自行设计与策划组织实施,一般以教研组为基本培训单元,强调主题式培训,注重教师的应用实践。校本研修方案是学校对主题式研修活动的规划或计划,科学设计校本研修方案,是提高校本研修实效性的关键要素。教师要站在更高的层面和更宽的视野审视校本研修的功能价值、模式方法以及实践规律,厘清校本研修的关键要素,即研修主题选择、研修内容确定、研修活动安排以及研修评价设计等。校本研修究竟应该"研什么""怎么修",是校本研修的学术性、专业性的重要体现。

【迷津指点】

1. 校本研修应聚焦"真问题"的研究

这是校本研修方案设计的关键要素。应在深度需求分析的基础上形成研修主题,问题指向要清晰,体现真实性和针对性。建议可以把"三个结合"作为拟定研修主题的依据。例如,与课题研究相结合,很多学校都以教科研课题作为学校发展的统领,把校本研修与课题研究相结合,有助于凸显研训一体。同时,还可以把研究成果转化为校本研修课程,提升校本研修质量。又如,与教研组建设相结合,梳理教师在教育教学中遇到的现实问题和困惑,将其整理成共性问题,然后将问题转换为研修主题。再如,与学校办学特色打造相结合,根据学校发展规划,把目标分解成任务,再把任务转换为个性明显的校本研修主题。

2. 校本研修应体现教师"真研修"的行动

研修是围绕主题,组织教师开展的一系列学习、研究、实践和反思的学习行动。因此,研修活动的设计至关重要,它是落实校本研修的根本。研修内容和活动设计应精准指向研修目标,明确每次活动的步骤、内容、形式以及时间安排等,实现主题化、序列化。让每位教师清楚个体学什么、在教研团队中学什么、在集

---

① 程书丽.让校本研修为教师专业发展助力[J].中小学教师培训,2014(6):11-13.

体中学什么。通过专家引领、团队研修及自主研修等途径,遵循成人学习的实践取向、学以致用、任务驱动等特点,体现研修活动的多样性和灵活性,促进各层次教师的发展。

3. 校本研修应关注教师"真智慧"的增长

校本研修的有效推进必须以评价为导向,通过建立行为体现的、激励导向的评价体系,为教师开展自我审视、反思修正提供科学指引,驱动教师实践智慧的增长。一份完善的校本研修方案,应设计科学的考核评价,以验证研修成果的有效性。研修考核评价必须可检测、可操作、可量化。例如,通过校本研修形成一套导学案、叙述一个教育教学故事、开发一门校本课程、撰写一篇教学案例等。与此同时,建立研修成果分享机制,如可以通过教学展示研讨会、经验分享会以及学术论坛等,让教师研修成果可发声、可呈现、可传播,进而促进教师校本研修常态化和专业化。

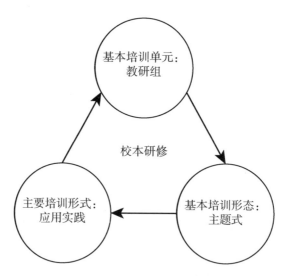

图 3-16 校本研修的基本形态

【工具百宝箱】

校本研修活动方案设计示例

一、研修主题

二、选择主题的原因

（从意义价值、现状分析等方面阐释选择该主题的原因）

三、前期准备

（活动前期搜集了哪些相关数据、准备了哪些资料等）

四、研修目标

（本研修拟解决的关键问题，体现层次性、可测性）

五、研修内容设计

（体现研修内容与研修主题、研修目标的一致性）

六、研修活动设计

（列出每次研修活动的组织方式、时间、主题等）

七、研修考核或评价方式

（准备采用什么方式来检测、评价研修效果）

八、预期研修成果描述

（准备取得什么样的研修成果，准备用什么样的指标和资料来反映）

表 3－3　校本研修方案评价示例

维度	评价内容
主题选择	从教研组教师现状和学科发展需要出发，主题鲜明，针对教师急需解决的问题，有明确的关键词
研修目标	研修目标清晰、表述准确、可检测，指向学科发展的关键性问题
研修内容	有完整的研修内容设计，研修内容设置主题化、课程化，逻辑结构清晰，与研修目标匹配度高
活动设计	设计合理的研修流程，途径清晰，衔接有序，切实可行，体现"教研修"三位一体的研修理念

（续表）

维度	评价内容
考核评价	有明确的、多元的校本研修考核方式,考核内容与研修目标、研修内容相匹配,体现科学性、合理性
资料准备	提供的资料内容贴切,实用有效,对研修活动成效起到很好的辅助作用
研修成果	达到预期目标,注重校本研修经验和成果的提炼,呈现相关数据或资料,具有一定的辐射价值

后　记

　　本书的撰写起源于"上海市中小学(幼儿园)中青年骨干教师团队发展计划"项目。2014年,我有幸成为上海市教委首批"中小学(幼儿园)中青年骨干教师团队发展计划"项目的领衔人,至今已近十年。虽然项目已于2017年结题,但我研究的脚步并未停止。这十年中,起初仅仅带着完成任务的心态涉足职初教师专业发展研究。但随着研究的深入,犹如触发了我蓄势已久的"小宇宙",让我在职初教师专业发展内在机理的探索之路上越走越远。这期间,"激活动机""专业自觉""教师学习"等字眼一度萦绕在脑海,促使我锲而不舍地研精毕智。力求通过研究,使我对职初教师专业发展方面掌握的资料更全面,对职初教师专业发展的认识更深刻,对职初教师专业发展的研究更前瞻。基于多年的实践探索,研究成果"职初教师胜任力发展的区域设计与运行——以静安区为例"获上海市级教学成果一等奖,这极大地推动了教育界对职初教师专业发展的关注,彰显了一定的示范引领作用,实践经验广泛辐射。能为促进职初教师专业发展投石探路,更加坚定了我深耕教师教育的工作信念。

　　本书从2015年8月形成初稿到2023年9月出版,其间几易其稿,几次迭代。每一次易稿都是追本溯源和钻坚研微的过程。在本书即将出版之际,由衷感谢上海市教师教育学院(原上海市师资培训中心)为本书出版搭建了平台。感谢团队所有成员,他们中有管理经验丰富的园长、有资深的学科教研员、有来自一线的学科骨干教师以及优秀班主任等。共同的价值追求使我们形成了研究共同体,一次次不同观点的碰撞、一次次典型案例的剖析、一次次精雕细琢的修改,见证了团队成员的执着和辛劳。

　　本书由程书丽策划、编撰及修正,高立洋、吉栋磊、王直、陈芊妤、华利冰、胡萍等提供了来自一线的鲜活案例。挂一漏万,谨向参与研究的所有同志致以最诚挚的谢意!

　　本书撰写过程中参考借鉴了诸多研究资料,资料来源已在参考文献中列出,如有遗漏,恳请谅解。由于水平有限,经验不足,书中难免有不当之处,望读者不吝指正。

程书丽

2023 年 8 月

参 考 文 献

[1] 英格里德·本斯.引导:团队群策群力的实践指南[M].任伟,译.4 版.北京:电子工业出版社,2019.

[2] 希尔伯特·迈尔.备课指南[M].夏利群,译.上海:华东师范大学出版社,2011.

[3] 单中惠.教师专业发展的国际比较[M].北京:教育科学出版社,2010.

[4] 郑百伟.从胜任到示范:稳定成长期教师的专业发展[M].上海:上海教育出版社,2010.

[5] 王陆,张敏霞.教学反思方法与技术[M].北京:北京师范大学出版社,2012.

[6] 陶李刚.教师学习视域中的培训模式探讨[J].当代教育与文化,2014,6(3).

[7] 顾志跃.中小学教师专业发展的组织和实施——中小学教育改革热点问题导读之九[J].教育科学研究,2004(9).

[8] 王占魁.从"个体教学"到"集体教研"——论当代教师的现场学习力[J].教育发展研究,2013,33(4).

[9] 杨秀玉.教师发展阶段论综述[J].外国教育研究,1999(6).

[10] 赞科夫.教学与发展[M].杜殿坤,等译.北京:人民教育出版社,2008.

[11] 宋林飞.教研故事:助力教师三个好习惯的养成[J].现代教学,2017(19).

[12] 闫寒冰.培训专业化:既是当务之急,也是长远之策[N].光明日报,2016-12-20(11).

[13] 顾泠沅,朱连云.教师发展指导者工作的预研究报告[J].全球教育展望,2012,41(8).

[14] 顾泠沅,杨玉东.教师专业发展的校本行动研究[J].教育发展研究,

2003(6).

[15] 顾泠沅,王洁.教师在教育行动中成长——以课例为载体的教师教育模式研究[J].全球教育展望,2003,32(1).

[16] 庞丽娟,洪秀敏.教师自我效能感:教师自主发展的重要内在动力机制[J].教师教育研究,2005(4).

[17] 吴卫东.教师专业发展与培训[M].杭州:浙江大学出版社,2005.

[18] 雪伦·B.梅里安.成人学习理论的新进展[M].黄健,译.北京:中国人民大学出版社,2006.

[19] 程书丽,陈鹏.旨在教师自主成长的研修工作坊实践初探[J].上海师资培训,2019(6).

[20] 谷明非.基于自我决定理论分析中小学教师职后培训中的教师学习动机[D].西安:陕西师范大学,2015.

[21] 程书丽.交互式电子白板教学应用[M].上海:上海教育出版社,2013.

[22] 闫寒冰.以学生为中心教学的评价方法[J].全球教育展望,2001(11).

[23] 赵敏.基于教师职业生涯周期理论的高校青年教师专业发展研究[D].苏州:苏州大学,2011.

[24] 程书丽.让校本研修为教师专业发展助力[J].中小学教师培训,2014,6(11).

[25] 约翰·D.布兰思福特,等.人是如何学习的:大脑、心理、经验及学校[M].程可拉,孙亚玲,王旭卿,译.上海:华东师范大学出版社,2002.

[26] 魏戈.教师实践性知识的生成[M].北京:教育科学出版社,2020.

[27] 魏戈.成为研究型教师的8个锦囊[M].上海:华东师范大学出版社,2022.

图书在版编目（CIP）数据

入门就优秀：职初教师专业成长智慧宝典 / 程书丽
编著. —— 上海：上海教育出版社, 2023.8
（上海教师教育丛书. 知会书系）
ISBN 978-7-5720-2247-0

Ⅰ.①入… Ⅱ.①程… Ⅲ.①师资培养－研究 Ⅳ.
①G451.2

中国国家版本馆CIP数据核字(2023)第166086号

总策划　刘　芳　宁彦锋
责任编辑　荼文琼
书籍设计　王　捷

入门就优秀——职初教师专业成长智慧宝典
程书丽　编著

出版发行　上海教育出版社有限公司
官　　网　www.seph.com.cn
地　　址　上海市闵行区号景路159弄C座
邮　　编　201101
印　　刷　启东市人民印刷有限公司
开　　本　700×1000　1/16　印张 9.75
字　　数　159 千字
版　　次　2023年9月第1版
印　　次　2023年9月第1次印刷
书　　号　ISBN 978-7-5720-2247-0/G·1996
定　　价　48.00 元

如发现质量问题，读者可向本社调换　电话：021-64373213